シュタイナー教育に学ぶ通信講
第2期　NO.6　通巻12号

シュタイナー教育と「本質を生きること」

表紙／山下知子
本文デザイン／STUDIO Y2
（藁谷尚子　市川瑞紀）
表紙カバー絵／中村トヨ
本文イラスト／御手洗仁美

シュタイナー教育に学ぶ通信講座

第３期のお知らせ

テーマは

「家庭で学ぶ大人のためのシュタイナー教育講座」

大村祐子著

皆さま、ありがとうございました。この２年間、皆さまとご一緒にたくさんのことを分かち合い、体験することができました。心から感謝いたします。休みなく学び、学んだことを少しずつ積み上げていき、それを生きる力とする、ルドルフ・シュタイナーが示す世界観を、人間観を、皆さまとご一緒に、わたしはそんなふうに学びたいと考えていました。同じ志を持つ方々に支えられ、助けられて、それがはじめて可能になりました。この講座を実現し、続けるために尽くされたすべての力に感謝せずにいられません。

３月16日早朝、神々しい朝日が東山の際（きわ）に姿を見せはじめました。お約束した原稿は、すべてできあがりました。まだ浅い春の朝に昇ってくるこの光に清められ、祝福されているように感じ、嬉しくてなりません。この朝日は、皆さまをも照らし、清め、祝福しているのですね。こうして離れていても、これまでわたしたちは多くのものを分かち合って生きてきました。そして、これからも分かち合って生きてゆくのですね。ありがたいことです。

「シュタイナー教育に学ぶ通信講座」第２期はこれで終りますが、わたしたちの人生の学びには終わりがありません。勤勉な皆さまはきっとこれからも学び続けることでしょう。内的に豊かに生きるために、そして少しでも「精神の進化」を遂げるために、わたしも学び続けます。「これからもいっしょに！」と思われる方は、是非、また仲間になってください。９月から『大人のためのシュタイナー教育講座』を始めます。

９月まで、さようなら。どうぞ、おげんきで！

大村祐子さんから第2期最終号によせて

皆さま、おげんきですか？

皆さま、おげんきですか？　北海道はこの冬、ことのほか寒く、連日真冬日が続いています。マイナス10度も希《まれ》ではなく、毎日肌を突き刺すような冷たい風に、追い立てられるような気持で過ごしています。この土地に長く暮らすお年寄りも、「こんな寒さは初めてだ」と、身をすくめているのですから、新参者のわたしが寒さに根をあげているのも無理はないなあと、自分を慰《なぐさ》めています。

最近は建築の技術がすばらしく進歩して、新しい建物は、北海道の寒さに十分耐えられるように設計、施工されています。けれど、今、わたしがお借りしている家は、30年前に建てられた家なので十分な耐寒設備を具《そな》えていません。ストーブを焚《た》いている居間以外は、家の中でも零下になります。夜、居間から10歩も歩かない所にあるトイレに立つ時にも、わたしは帽子を被《かぶ》り、コートをしっかり着込み、もう一枚毛糸の靴下を履《は》きます。それほどまでにしないと、寒さで急に血圧が上がり、具合が悪くなるのです。「年をとったなあ」とつくづく思います。

シュタイナー・カレッジで仕事をしていた7年の間、わたしは病気で休んだことは一度もありませんでした。それなのに、最近、わたしは時どき休みます。わたしの中にある「頑張りの糸」がすぐ切れてしまうのです。長年、酷使《こくし》していたのですから仕方がありませんね。以前のように、「絶対休まない！」と自分に言い聞かせる声が小さくなってしまいました。時にはまったく聞こえないこともあ

メッセージ ____________________

ります。「情けないなあ」と思う反面、「これでいいのよ。これが自然なのよ」と慰《なぐさ》める声も、わたしの内から聞こえてくるのです。

「ひびきの村」の若い仲間たちは、わたしが休むようになったことを、ことのほか喜んでいます。「よかった！　祐子さんが身体の言うことを聞くようになって！　これで祐子さんが突然死をする心配がなくなったわ」と。……本気で言っているのでしょうか？

こうして、わたしは今、自然に委《まか》せて生きること、老いに従うことを学んでいます。この冬の厳しい寒さが、わたしに教えてくれたことでした。

1月27日

翠《みどり》ちゃんと次郎の子どもが生まれました。３４３４グラムの元気な男の子です。東京から駆けつけた翠ちゃんのおかあさんと、出産の瞬間を産室の外で待っていました。器械を通して、赤ちゃんのドッキンドッキンという鼓動《こどう》が廊下まで聞こえてきました。時々、その音が聞こえなくなることがあり、「はっ」としたこともありました。そんなことをなんど繰り返したでしょう。「その瞬間は陣痛があって、母親がいきんでいるんですよ。だから心配することはないんです」と、看護婦さんである翠ちゃんのおかあさんが教えてくれました。

午後5時29分、元気な産声《うぶごえ》が聞こえてきました。「おんぎゃあ、おぎゃあ」という、本当に力強い泣き声です。「ああ、生まれてきた！　たった今、あの子はこの世に降り立ったのだわ。天使に守られ、導かれて、精神界から今、地上に下ってきたのだわ」……そう思うと心が震えました。廊下を隔《へだ》てているとはいえ、その瞬間に立ち会わせてもらえたことに心から感謝しました。なんと神聖で、厳《おごそ》かな瞬間だったことでしょう！　そんな瞬間に居合わせることができたのです。ありがたいことです。

前夜から、ずっと付き添っていた次郎が産室から出てきました。たった今、父親になったばかりの次郎の姿もまた神々しく、清らかさに満ちていました。次郎の傍《かたわら》にも天使が立っていました。

産室に呼ばれて赤ちゃんに会いました。翠お母さんの脇で眠っている赤ちゃんを、なんと喩《たと》えたらいいんでしょう！　安らかで、静かで、清々《すがすが》しくて、穏やかで、暖かくて……。わたしの全存在が、赤ちゃんの全存在に畏敬《いけい》の念を捧《ささ》げていました。……この大変な世の中に、大きな役目を持って生まれて来てくれてありがとう。翠ちゃんと次郎くんを両親に選んで生まれてきてくれてありがとう。『ひびきの村』に生まれてきてくれてありがとう。わたしにおばあちゃんの役割を与えてくれてありがとう……。わたしは心の中で手を合わせるばかりでした。翠ちゃんの笑顔が安らぎに満ちていました。翠ちゃんが「ひびきの村」で、仲間に見守られて出産する日が来るなんて……彼女が17歳の夏、東京ではじめて会った時のことを思い出していました。

翌日、赤ちゃんはノアくんという名を、次郎お父さんに付けてもらいました。生まれる前は、みんなに「三郎くん」（次郎の子どもだから？）と呼ばれていましたが、顔を見たとたんに、次郎お父さんは「ノア」と呼びはじめたのです。

太古の昔、人々の乱れた心と暮らしぶりを憤《いきどお》り、嘆《なげ》かれた創造主が、この世を一度水で洗い流し清めようと決められた時、人間をこの世に残すために選ばれた、たったひとつの家族の長であった人です。（旧約聖書に物語られています）

次郎お父さんは、彼のもとに降り立った赤ちゃんが担っている、大きな役割を見たのでしょうか？微塵《みじん》の迷いもなく、大村伸吾（のあ）と記して、出生届けを出してきました。

2月7日

メッセージ ＿＿＿＿＿＿＿＿＿＿

伊達市の小学校と中学校の校長先生三人と、伊達市教育委員会の方一人とお会いする機会をつくっていただきました。「シュタイナーいずみの学校」に入学を希望する子どもたちの学籍と卒業を、どのように考え、どのように対応するかということを話し合いました。

「シュタイナーいずみの学校」の子どもたちは、……実際には通っていない地域の学校に籍を置かせていただき、その上、卒業証書をいただく……ということになります。それはどう考えてもおかしなことです。だれもがそれを分かっているだけに、困惑しているのです。「シュタイナーいずみの学校」の高等部を終了し、大学に進学したい子どもは大学検定試験を受ければよいのだから学籍も卒業証書も必要ない…という考えもあります。けれど、シュタイナー教育という素晴らしい教育を12年間受けながら、それが認められないということは、なんとしても不条理なことです。

大人が知恵を絞《しぼ》ればなにか良い方法が見つかるだろうと、わたしは確信しています。その席にいただれもが、子どもの健《すこ》やかな成長と幸せを心から願っていること、ただ、それを実践する考え方と方法が違うだけなのだということを、互いに理解することができました。若い時から高い理想を掲げて子どもたちの教育に実を捧《ささ》げていらした先生方とお目に掛かり、お話しすることができ、未来に光を感じた一日でした。

「シュタイナーいずみの学校」で学んでいる子どもたちが在籍させていただいているそれぞれの学校とは、これまでも連絡を取り合ってきました。そして、「シュタイナーいずみの学校」の授業のカリキュラムや授業日数、そして行事などをお知らせしてきましたが、これからはもっともっと頻繁《ひんぱん》に連絡しようと考えています。

伊達市の教育委員会の方々も、子どもにとっていちばん望ましい方法を、とアドヴァイスしてくださいました。この後、委員のお一人と道議会議員のお一人が、東京シュタイナー・シューレと13年間関わってきた、東京都三鷹市の実例を調べるために、出張してくださったそうです。ありがたいことです。

こうして、対立するのではなく、争うのではなく、お互いの考えや思いを深く理解し、そして教育の実践の方法の違いを批判し、糾弾《きゅうだん》するのではなく、尊び合い、敬い合って、子どもたちのために働いてゆきたいと、改めて強く考えました。

2月24日

岐阜県の関市で話をさせていただきました。夕方、用意していただいた宿舎の前で車を降りると、梅の香りがぷーんと漂《ただよ》ってきました。思わず辺《あ》たりを見回しましたが、目が届く限りの所には梅の木も花も見あたりません。わたしは、陽が沈んで薄暗くなった郊外の街を梅の木を探して歩きました。途中で雨が降ってきて、とうとう梅の木を見つけだすことはできませんでした。少しだけ温かい雨に濡《ぬ》れ、梅の香りを含んだ空気を胸いっぱいに吸って戻って来ました。その晩、わたしは、小さな蝶《ちょう》になった夢をみました。

この講演会は、3歳と6歳の男の子を二人連れて、昨年の夏、はるばる「ひびきの村」のサマープログラムに参加された方が主催してくださいました。お母さんが主催されると、殆《ほとん》どの場合、朝わたしを宿舎に迎えに来てくださるのはお父さんです。その日の朝も、二人の坊やを連れて、お父さんが車を運転してきてくださいました。坊やたちはわたしを覚えていたようで、ニコニコしながら車から降りてきました。そして、「オクト（「ひびきの村」に居候していた馬です）は元気？」「まだにわとりはいる？」と聞きました。「オクトは本当のおうちに帰ったの。でも元気ですって！　にわとりはね、外の小屋がとっても寒いから、今、あったかい牛舎の中にいるわよ！」とわたしが答えると、

メッセージ ______

「ふーん」と言って駆け出しました。

会場には大勢の方がお出でくださいました。演台の上には桃の花が飾られ、木目込《きめこみ》の内裏様《だいりさま》とお雛《ひな》様《さま》が座っていました。椅子も、壁も、カーテンも、みんな笑っているように見えました。勿論、お出でくださった方々も！　会場全体がニコニコしているようでした。

その日の話のテーマは「四つの気質」でした。以前は苦手だった「気質」の話を、その日はとても楽しく話すことができました。わたしの内で、「上手に話したい」「良い話をしたい」と思う気持ちがずいぶんなくなっているのに気づきました。ありがたいことです。

2月25日

横浜の朝は早く明けるのでしょうか？　明るい陽に誘われて港を散歩しました。風に吹かれて歩くことを気持ちよく感じるなんて、何ヶ月ぶりのことでしょう！　昔、山下公園でデートしたことを思い出しました。もう、35年も前のことです。マリンタワーの最上階のレストランで海老フライを食べましたっけ！　見上げると、朝日を受けてタワーがキラリと光っていました。今日もあそこで、好きな人と一緒に海老フライを食べる女の子がいるのでしょうか？

街に戻ってコーヒー・ショップに入りました。普段は口にしないコーヒーを、旅先で飲むのが楽しみです。吹き抜けの高い天井を見上げながら、久しぶりのコーヒーを啜《すす》りました。

講演会のために用意されていたのは、窓から港の見える素晴らしい部屋でした。大きな会場には机も具《そな》えられていました。お出でになった皆さまが熱心にメモをとっておいででした。その姿を見て、ブックレットに書いたことと重複しないようにと、わたしはますます慎重になりました。たくさん質問をしていただきました。静かで、穏やかで、安らかな2時間が、あっという間に過ぎてしまいました。

会場を出る時振り返って外を見ると、海は朝とはまるで違う色をしていました。わたしの顔つきも、朝とはきっと違っていたことでしょう。皆さまとお会いでき、お話しできてわたしはとても幸せでしたから……。

2月16日

須藤敏幸さん（ご自身の持ちビルを、「ひびきの村」の事務局に無料で貸してくださっている方です）から電話をいただきました。「学校の移転先として、これ以上いい所はないというくらいの土地が見つかりましたよ。見に行きませんか？」というお誘いでした。小雪が降る中をすぐに出かけました。須藤さんが案内して下さったのは、伊達市街の中心を流れているアヤメ川が、街にさしかかる所でした。アヤメ川は河川工事が施されていない、自然のままの川です。その川を保存するために、伊達市は川の周囲をすべて公園にしました。二方がそのアヤメ川に面している夢のように美しく、静かな場所でした。

「今、売ることは考えていません」と、おっしゃる持ち主が、「貸すことはできるかもしれません」と言ってくださいました。わたしたちは心を込めて祈っています。そこが、わたしたちに用意された場所であるのなら、皆さまがこのブックレットに目を通される頃には、移転のための準備が始まっているかもしれません。須藤さんは、２階建ての中古のプレハブを２棟も、「シュタイナーいずみの学校」に寄付してくださいました。

外も、内も、子どもたちが学ぶ場所として相応《ふさわ》しく、美しく整えたいと、わたしたちは今からあれこれ考えています。

メッセージ

3月10日

皆さま、ごめんなさい。期日までに原稿を仕上げることができませんでした。待っていてくださる皆さまの顔を思い浮かべては、ため息をついています。この項のはじめに書きましたが、北海道のこの冬の寒さはことのほか厳しく、馴《な》れないわたしの身体はすっかり弱ってしまいました。「ひびきの村」のスタッフがわたしの仕事の大半を、代わってしてくれています。学校の仕事も、わたし以外の人に任せてよいものは、すべてしてもらっています。そして、わたしはせっせと原稿を書いています。もうすぐ終わります。10日くらい遅れて、皆さまのお手許に届くと思います。待っていてくださいね。

3月16日

午前6時20分。最後にとりかかった、今月のトピックス「本質を生きること」の原稿を書き終えました。

17歳の時にはじめて読んだ「二老人」(トルストイ作)の中のエリセイは、それから今日までずっとわたしに「本質を生きること」を示し続けてくれました。「本質に生きる」彼の生き方は、その後も宮沢賢治によって、ルドルフ・シュタイナーによって、そしてゲーテによって示され、わたしの内でますます揺《ゆる》ぎのないものになってきました。

2年間、この講座で皆さまと共に学んだその締めくくりとして、「本質を生きること」についてご一緒に今一度考えることができて幸せでした。機会を与えて下さったすべての方々に、尽きせぬ感謝をこめて…。

またお会いする日まで、さようなら。

今月のトピックス

シュタイナー教育と「本質を生きること」

皆さまとご一緒にこの講座で学び始めて2年が過ぎました。

今、わたしの目の前に、シュタイナー教育に学ぶ通信講座のブックレットが11冊並んでいます。表紙の色がすべて微妙に異なる、美しい装丁が施《ほどこ》されています。

1年目、表紙には「シュタイナーいずみの学校」の子どもたちが描いた濡《ぬ》らし絵を使わせてもらいました。「表紙の絵を見ていると、ほのぼのとあったかい気持に包まれます」と、たくさんの方がお便りをくださいました。どの絵からも、子どもたちの優しいひたむきな心が伝わってきます。

2年目は、「シュタイナーいずみの学校」の美術の先生、中村トヨさん（本名は中村豊信さんと言います。おばあさんだと想像なさる方が多いようですが、50歳の男性です）に描いてもらいました。「あまり、むずかしい精神的な絵にならないようにお願いします」と、編集者に言われていましたが、彼の絵は近年とみに精神的な方向に進んでいて（わたしはとても好きなのですが）、その香りが皆さまのもとにも届いたかと思いますが、いかがですか？

この2年間、わたしはたくさんの方々のお力に支えられて、ブックレットを書き続けてきました。ほんの木出版社で働く方々のお力は勿論《もちろん》のこと、「シュタイナーいずみの学校」の子どもたち、父母、先生方。「ひびきの村」のスタッフ。近くで、遠くで暮らすわたしの家族。そして、読み続けてくださった読者の皆さま。そのうちの一人が欠けても、この11冊はこのような形で、今わたしの目の前にはないはずです。

ほんの木出版社の編集部からは、皆さまのお手許に、ブックレットと一緒に毎回必ずアンケート用紙が届けられたと聞いています。そのたびに、真摯《しんし》に答えて送り返してくださる方々……皆さまのお名前は、すっかり覚えてしまいました。本当にありがたいことです。

講演会に来てくださった方々……どの会場にも、いつでも皆さまの暖かいお気持ちが溢《あふ》れていました。はじめてそこに伺《うかが》ったはずなのに、そして、はじめてお目に掛かる方々が多いのに、皆さまの前に立つと、わたしはいつでも懐かしい気持でいっぱいになりました。そして、会が終わって皆さまとお別れすることがとても悲しく思われるのでした。

「ひびきの村」にお出でくださった方々……遠い北海道まで、本当によくお出かけくださいました。たくさんの方が幼いお子さんをおぶって、手を引いて、そして、大きな荷物を抱えてはるばる訪ねてくださいました。お出でくださった皆さまが「ひびきの村」に寄せてくださる思いのすべてに、わたしたちが応《こた》えることができないこともありました。けれど、皆さまは、「これからですね」とおっしゃって許してくださいました。わたし自身の、そして、「ひびきの村」の仲間たちの課題として、わたしたちはこれから真剣に取り組みたいと考えています。

タイのバンコックから、そして香港から訪ねてくださった方々、外国で暮らしていて一時帰国された折りにお出でくださった方々……お元気でしょうか?

お便りもたくさんいただきました。緊急を要すると思われるご質問をくださった方には、わたしから電話をしました。けれど、殆《ほとん》どの方にはお返事をさしあげていません。本当に心苦しく、申し訳なく思っています。ごめんなさいね。個人的にお返事を書くことはできませんでしたが、このブックレットを、皆さまのご質問に応える内容にしようと努力してきました。そんな形でも、多少でも光を見出していただけたらいいな、と考えたのです。

……アンケート、講演会、ワークショップ、お便り、お電話、ファックス……

お目に掛かり、お話しすることができた方々もいましたが、直接関わることがなかった皆さまの方が圧倒的に多いのです。わたしはいつでも、お目にかかったことのない皆さまの姿や様子を思い浮かべていました。そして、そんな皆さまの存在を励みに書き続けてきました。

この2年間、空間も、時間も超えて、わたしはいつでも皆さまとご一緒に生きていると感じていました。穏やかな陽に誘われて、青空高く舞う鳥のかすかなさえずりを聞いては、皆さまは今、どんな色の空を眺《なが》めているかしら？　鳥の声は聞こえているかしら？　と思っていました。長い冬の後に、植え込みの下に姿を現した黒い土を見ては、皆さまはもう花の種まきをしたかしら？　と考えていました。風に飛ばされる雲を眺めては、この雲に乗っていったら、皆さまにお会いできるかしら？　と想像していました。

こんなふうに、皆さまはいつもわたしの心の中にいらしたのです。

そんな皆さまを想い、皆さまに支えられて、わたしは2年の間、書き続けてきました。わたしの内にそんな力があるとは思ってもいませんでした。今、11冊のブックレットを前にしても、なお信じがたい思いがします。でも、それもこれも、皆さまがわたしを想ってくださる力と、わたしが皆さまを想う力によるものだったと、確信しています。

わたしたちは何を学んだのでしょうか？

この2年間をふりかえり、わたしたちは何を学んだのだろうか、と今、わたしはわたし自身に問い

今月のトピックス＿＿＿＿＿＿＿＿＿＿＿＿＿＿＿＿＿＿＿＿

かけています。

なんども繰《く》り返し書きましたが、わたしはルドルフ・シュタイナーに出会い、彼の洞察《どうさつ》によって得られた世界観と、人間観を学ぶことによって、生きる目的を見出しました。そして、この世に生まれた意味が分からなかった故《ゆえ》の迷いや悩み、苦しみから解放されました。

……人がこの地上に生まれてきた目的は、「精神の進化を遂げる」こと……。

シュタイナーは、実に明快にそう言います。そして、今地球期に在《あ》るわたしたちが「精神の進化を遂げる」ことは、……愛を実現すること……愛を実現することとは、……自分自身より他者を大切にし、他者に帰依《きえ》することである……と示しています。

わたしが皆さまとご一緒に学びたいと考えたことは、そのことでした。それだけでした。つまり、ルドルフ・シュタイナーの洞察によって得た世界観と人間観を、皆さまとご一緒に学び、シュタイナーが示したわたしたちの生きる目標を、さらに強く認識すること。そして、その目標を遂げるよう共に励《はげ》むことでした。

「精神の進化」を遂げること、それはすなわち「愛を実現する」こと、「愛を実現する」ことは「他者に帰依する」こと……この2年の間、そのことをわたしたちはさまざまな視点から学びました。そして、今ようやく、それを実現する緒《ちょ》に就《つ》いたように思えます。一人ではとうていできないと思えたことを、皆さまとご一緒だったからこそ、ここまで励むことができました。まことにありがたいことです。

わたしはいつもいつも同じことを書き、同じことを繰り返し話してきました。シュタイナーの人間観に依《よ》りますと、わたしたち人間には「身体」と「心」と「精神」が具えられています。「精神の進化」を遂げるために向き合わなければならない「身体」の問題、「心」との葛藤《かっとう》、そして「精神」……日常生活の中で、さまざまな様相を見せるこれらの課題をどのように考えればよいのか、どのように認識すればよいのか、そして、認識したことをどのようにして行為に移したらよいのか……来る日も来る日も、わたしは考え続けました。わたしたちの生活には多くの困難があります。苦悩があります。悲しみがあります。目の前に横たわるこれらの多くの問題を、わたしたちはいったいどのように解決したらよいのでしょう?

わたしたちは「他者に帰依《きえ》する」生き方を、「他者との違いを乗りこえること」で実現しようと考えて、学んだことがありました。途方に暮れて立ちすんでいる若者たちが抱えている困難と苦悩を想い、彼らの心に広がる闇《やみ》を共有したいと考えたこともありました。また、シュタイナー教育が真に目指すものを、シュタイナー学校の卒業生たちの生きる姿から学びたいと考えたこともありました。暴力をふるう子どもたちの心と身体の状態を理解したいと思い、彼らの成長のプロセスを辿《たど》ったこともありました。「学級崩壊」という名の通り、学級が、学校が崩壊して、子どもたちが学べなくなっている状況を知った時にはきりきりと心が痛みました。そして、一人ひとりの子どもと向き合う、シュタイナー学校の先生方の努力を知りました。文字通り、「よりよく自由に生きるために」、そして「あたらしい生き方を求めて」、わたしたちはこの2年間、辛抱強く、真剣に、倦《う》まず、弛《ゆる》まず学んできました。

教育を考えることは、自分の生き方を考えること

わたしたちの多くは、この混迷する世の中に在って、子どもを育て教え導くことに大きな困難を感じていました。子どもをどのように育てたらよいのか、子どもに何をどのように教えたらよいのか、何を目標にしたらよいのか……考えあぐね、迷い、悩んでいました。そして、探し求め、彷徨(さまよ)い続けた末に、シュタイナー教育に出会いました。いわば、わたしたちは子どもたちのためにシュタイナー教育を学び始めたのでした。

学校では、子どもたちが不安を抱えて怖れ、落ち着きを失い、荒れていました。そんな子どもたちを前にして、先生方は自信を失い、途方に暮れていました。それでも学校では相変わらず、「素直な子」「元気な子」「明るい子」になることを目標に掲げ、そういう子どもが良い子だと評価されます。

本当にそれが教育の目標なのでしょうか？　わたしたちはそういう子どもにするために、教育するのでしょうか？　子どもたちはみんな、「素直な子」「元気な子」「明るい子」にならなければいけないのでしょうか？　子どもたちみんながそれぞれ違った存在なのに、同じことを目指さなければならないのでしょうか？　……そんなことが教育の目標であるとは、わたしたちにとって、とても考えにくいことでした。

顧《かえり》みて、子どもを育て教えているわたしたち自身が、どんな目標を持って生きているか考えたとき、わたし自身が、明確な目標を持たずに、いいえ、見出すことができないまま生きているということに、気が付かざるを得ませんでした。子どもを育て、導いていかなければならないわたしたち自身が生きる意味が分からず、生きる目標も持てずに、どうして子どもを育てることができるでしょう！

シュタイナーが掲げる教育の目標は、「素直な子」「元気な子」「明るい子」というような、表面的なことではなく、もっと人間の本質に迫るものだという予感を、わたしたちは持ちました。それこそが、わたしたちがシュタイナー教育に惹《ひ》かれた理由でした。学ぶうちにわたしたちは、シュタイナー教育が、「子どもたちが真に自由であり、自立した人間になること」を目指しているということを知りました。

わたしたちは、シュタイナー教育の核心に触れたい、もっともっと本質を知りたい、学びたいと望みました。そして、「真に自由で、自立した人間」として生きることは、……世界を自分の心で感じ、自分の頭で考え、そして感じ、考えたことを自分の手足を使って行為する……ことであると知りました。

次にわたしたちが学んだことは、世界を「感じる心」を育てるためにどうしたらよいか？　世界を自分の頭で「考える力」を育てるにはどうしたらよいか？　そして感じ、考えたことを自分の手足を使って「行為する意志」を育（はぐく）むためには何をしたらよいか？……ということでした。その時わたしたちは、いよいよシュタイナー教育の核心に迫っているという感触を持ち、胸をおどらせたのでした。

その核心とは……子どもが成長する過程で、「意志」と、「感情」と、「思考」の力が育つ時期がそれぞれ違う……ということでした。そして、それぞれの時期というのは、「意志」は生まれてから7歳までの間に、「感情」は7歳から14歳までの間に、そして14歳から21歳までの間に「思考」の力が育つということを学びました。

「意志」は身体を存分に動かすことによって、「感情」は心の底から感動することによって、「思考」は真理を学ぶことによって、子どもたちの内に育（はぐく）まれると言うことを認識したのでした。

気が付けば、シュタイナーの言を待たずとも、子ども自身がそれを示しているのでした。わたしたちが、子どもたちを真心と愛をもって見さえすれば、シュタイナーの言を待たずとも、それは明白なことでした。「よく見ること」……それが教育の基本であるということが分かりました。そして、シュタイナー学校の先生が、「子どもたちを見る」訓練をどのようにしているのか、ということを知りました。

わたしたちは子どもをよく見る目を養うために、エクスサイズを始めました。……その物を見る、ただただ見る……ことを訓練しました。わたしたちは、ゲーテによって示された「植物の観察」をすることによって、その訓練を始めました。

……その物を見る、ただただ見る……それをするためには、わたしたちの内にある先入観、知識、通念、常識を捨てなければならないということに気づきました。習慣や癖《くせ》を振り捨てる必要があるということを知りました。それは大変困難なことでありました。そして、エクスサイズを続けているうちに、わたしたちはもっとも重大なことを認識することができたのです。

それは……すべてのことは、自分自身を知ることから始まる……ということでした。自分の内にある先入観、知識、通念、常識、そして習慣や癖《くせ》を捨てるために、わたしたちは自分の内にそれらを抱えているということを知らなければなりませんでした。わたしたちがどれほどそれらのものに左右されているか、どれほどそれらのものに影響されているか、ということに気づかなければなりませんでした。先入観や知識、通念、常識に囚《とら》われている、自分の有様（ありさま）を見ることは辛いことでした。習慣や癖を捨て切れない自分の生き方を認めることは耐え難いことでした。けれど、そんな自分の在り方や生き方を、ゲーテの自然観察は示してくれたのです。

わたしたちは呆然《ぼうぜん》とするばかりでした。そして、自分の在り方を知れば知るほど愕然《がくぜん》とし、自分の姿を見れば見るほど、わたしたちは失望したのでした。けれど、それが自分の真の姿であるのなら、潔《いさぎよ》く認めよう、とわたしたちは心を決めたのでした。不思議なことに、それを認めた後、わたしたちの内に平和で静謐《せいひつ》な時が訪れました。そして、自分自身の在り方を知ったわたしたちは、その時はじめて……そういう自分がこれからどう生きるのか、何を目標に生きるのか、何のために生きるのか……ということを真剣に考え始めたのです。

困難な子どもの教育に、一筋の光を見出したいと望んで学び始めたシュタイナー教育は、結局、こうしてわたしたち自身がどう生きるのか？　という問に、わたしたちを向き合わせたのでした。

教育を考えることは、わたしたち自身の生き方を考えることに他なりませんでした。

本質を生きるということ

ロシアの作家、トルストイの民話集（『人はなんで生きるか』中村白葉訳　岩波文庫）の中に「二老人」という物語があります。

エフィームとエリセイというふたりの老人がいました。エフィームはまじめで酒も飲まず、たばこも吸わず、自分にもひとにも厳しい、しっかりした老人でした。エリセイは心のいい、明るい老人でした。ふたりにはずっと以前から約束していたことがありました。それは、エルサレムへ神詣《もう》でに行くことでした。「あれもこれもすべてが整ったときに出掛けようなんて思っていたら、永久にいかれないよ」とエリセイに説得され、エフィームもようやく重い腰をあげてふたりは旅立ちました。

家を出るとエリセイは家のことはさっぱり忘れて、楽しく旅を続けました。一方、エフィームは、「ああすればよかった、こうもすればよかった」と、家のことをいつまでも考え続けていました。

ふたりが5週間も旅を続けたある日のことです。ひとやすみして水をいっぱい飲みたいというエリセイを置いて、エフィームはひとり先へ行ってしまいました。水をもらおうと、エリセイは一軒の百姓小屋を訪ねました。小屋の中からは返事がなく、のぞいてみると、おんながひとり死にかけてい、そばにはやせほそった老婆とふたりの子どもがいるだけでした。老婆がとぎれとぎれに話すことには、長くつづいた飢饉《ききん》ですっかりたべものがなくなり、この一家はもう飢えて死ぬばかりであるということでした。エリセイは背負っていた袋からパンをとりだして、よろけながら入ってきた百姓と老婆と子どもたちにパンを食べさせました。

それからエリセイは村の小店にでかけて行き、食料を買って帰りました。そして、薪《まき》を割り、火を燃やして、飢えた百姓の一家にあたたかいスープと麦粥《むぎがゆ》をこしらえました。その晩、おなかいっぱい食べたあと、抱き合って寝ている子どもたちの姿を見ると、エリセイは今すぐエフィームの後を追って出掛けることは諦《あきら》めました。そして、翌朝おきると、まるでその家の主のように仕事にとりかかりました。気がつくと、その家には百姓道具も着る物も、なにもかもありませんでした。食べ物を手に

今月のトピックス

いれるために、みんな売り払ってしまったのでしょう。エリセイは必要なものを自分でこしらえたり、買ってきました。そうして1日を過ごし、2日を過ごし、3日を過ごしました。すっかり元気になったみんなの様子を見ながら「あすはお祭りだ。この家のひとたちにお祭りの贈り物を買い、ごちそうを食べたら、エフィームを追って出発しよう」と決めたのでした。

その晩エリセイは夢をみました。夢のなかで、この家の老婆と子どもたちは、出発しようとしているエリセイを必死になってとめているのでした。「どうしたってこのままじゃ、この家の者は食べていかれない。自分たちで働き、食べられるようにしてから出掛けよう」そう決めたエリセイは、百姓仕事に必要な物をすべてを買いそろえ、そのうえ馬まで買って与えたのでした。

翌朝早く家を出たエリセイは、エフィームを追ってエルサレムに向かう道を歩いていました。その途中、エリセイが残り金を数えてみると、17ルーブルと20カペイカしかありませんでした。これだけではこの先海を渡る長旅をつづけることはできないと気が付きました。「エフィームはきっとわしの代わりにロウソクをあげてきてくれるだろう。ありがたいことに主は情け深い方だから、わしがこのまま引き返しても、きっと勘弁してくださるにちがいない」、エリセイはそう考えて家にもどりました。

「神様のお導きがなかっただよ」と言うエリセイを、家の者はよろこんで迎えました。そしてエリセイはまるでなにもなかったように、家の仕事をはじめたのでした。

一方、旅をつづけていたエフィームは、待っても待っても追いついてこないエリセイを待ちくたびれて、先に一人でゆくことにしました。嵐の海を航海し、ようやくエルサレムに着きました。旅の途中で出会って同行した僧侶が、自分の金を狙っているのではないかと用心しながら、エフィームはありとあらゆる神殿をめぐり、祈祷《きとう》をつづけました。不思議なことがありました。あるとき神殿で礼拝をうけているとき、みあかしの真下にエリセイそっくりの老人が立っているのを見たのです。そんなはずがないと思いましたが、次の日も、また次の日も、エリセイに似た老人はいちばん前の席で礼拝をうけていたのです。エフィームは礼拝がおわると急いでエリセイを探しましたが、人混みで財布をとられまいと気にしている間に、とうとう見失ってしまいました。

エルサレムを出たエフィームは、ひとりで家路をたどりました。途中、エリセイが水を飲むと言ったまま、消えてしまった村に着きました。エリセイが訪ねた家を見つけ、中にはいってゆくと、家の者がおおよろこびでもてなしてくれました。そして、半年まえに、親切な旅の人にたすけてもらった話をするのでした。

家に着くと、エフィームの家の者はだれひとりいません。昼日中《ひるひなか》、酒に酔って帰ってきて悪態をつく長男を、エフィームはかっとなって打ってしまいました。エフィームの家では、エフィームが心配していたとおり、悪いことばかりが起こっていました。

エフィームはみやげのヨルダンの水をもってエリセイを訪ねました。エリセイの連れ合いは、「そりゃあ、あのひとは家の大黒柱ですからねえ。あのひとが家にいないとまるで火がきえたようにさびしいんですよ」と言い、エリセイが予定より早く帰ってきたことをことのほか喜んでいたのでした。

エフィームは、自分がエルサレムまで行って祈ったことを、神様が受けてくださったかどうか分からなくなりました。それを聞いたエリセイは「なにごとも神様のお心じゃよ。とっつあん、神様のお心じゃよ」と言うのでした。

エフィームは、この世では神がすべての人に、死の刹那《せつな》まで、愛と善行とをもってその年貢を果たすように命ぜられたのであることを、悟ったのでした。

この物語の中で、「本質を生きる」ことを、トルストイはわたしに示してくれました。これまでわ

今月のトピックス ______

たしはこの物語を何度読み返したことでしょう。「本質に生きる」ことを迷い、躊躇《ちゅうちょ》した時、わたしはいつでもこの物語を取り出し、くり返し、くり返し読みました。

通信講座の2年目の最後に、なぜ、わたしがこの物語を、皆さまとご一緒に読みたかったか……それには訳があるのです。わたしはこれまで多くの人に大切なことを教えてもらいました。ルドルフ・シュタイナーに、ゲーテに、宮沢賢治に、そしてトルストイに真理を生きる道を示してもらいました。けれど、今、思うことは、……生きるために大切なことはそう多くはない…ということなのです。いいえ、生きるために大切なことはたった一つかもしれません。

わたしが生きる意味は「精神の進化を遂げること」、そのために「愛を実現すること」。「愛を実現することは、自分より他者を大切にし、その他者に帰依すること」。それが「本質を生きる」ということなのです。……わたしは、わたし自身になんどでも繰り返して言い聞かせなければなりません。なぜなら、わたしが人間として生き、人生の目標をとげるために大切な、たった一つの本質を忘れるからなのです。

3月4日、「ひびきの村」のスタッフのRさんが自動車事故を起こしました。彼女は「シュタイナーいずみの学校」で、2001年の4月から新1年生の担任をする予定です。昨年の秋から、わたしのクラスで教育実習を続けていました。わたしは彼女に厳しく、きついことを言い続けました。わたし自身がそう思うほどなのですから、端《はた》で見ている人はどれほどはらはらしたことでしょう。Rさんも辛かったと思います。

けれど、彼女は決してわたしの前では弱音は吐《は》きませんでした。涙を見せたこともありませんでした。いつも歯を食いしばって耐えていました。彼女は本当に頑張っていたのです。彼女は素晴らしい資質を持ったひとです。たくさんの可能性を持ったひとです。なかでも、わたしが心から感嘆したことは、……一度注意されたことを二度と繰り返さない……ことでした。彼女は注意されたことを直ぐに改めました。そして、二度と同じことはしませんでした。その真っ直ぐな彼女の在り方に、わたしは心の底から感動していました。そして彼女にそのような在り方をさせている、彼女の精神の力に、わたしはいつでも畏敬《いけい》の念を感じていました。

今年「シュタイナーいずみの学校」に入学を希望している新1年生は、10人です。みんな、遠くからお母さんやお父さん、兄弟姉妹と一緒に引越してきます。中にはおばあちゃんも一緒に移ってくる家族もあります。Rさんは子どもたちと会い、両親と話をし、メインレッスンの計画をたてて、担任として仕事を始める準備に励んでいました。そんなRさんにとって唯一息を抜くことができるのはボーイフレンドと一緒に過す時間だけだったのでしょう。

その晩もRさんは、彼の家で夕食をとり、夜10時過ぎに車で家に戻ろうとしました。その日、空は朝から荒れていました。戻ってきた寒気が雪を降らせ、激しい風を吹かせていました。昼になっても気温は上がらず、どこもかしこも雪と氷に埋《うず》もれていました。道路はつるつるに凍《こお》っていました。その日は珍しく、わたしは真っ暗にならないうちに、家に戻りました。車を運転しているわたしのパートナーが、凍っている路面に細心の注意を払っていることに気が付きました。「みんなに仕事を切りあげて早く帰るように言えばよかった！　家に着いたら今夜は外出しないように、と連絡網で伝えよう」……そう考えながら帰りました。玄関に鍵《かぎ》をさし込むや否や、電話のベルが鳴りました。急いで受話器を取り、こみ入った用件を長々と話し、終わった時には家に着いて事務所に電話することを、すっかり忘れていました。

9地30分頃、カーテンをあけて外を見ると、いくらか風は弱まっているようでした。わたしはスタッフのみんなに外出しないようにと連絡網で伝えることを忘れていたことに気が付きました。受話器を取りあげようとしたその時、わたしの胸にこんな声が聞こえてきたのです。「やめておいたらどう？　そうじゃなくても、あなたはお節介だと思われているのだから……。みんな大人なのよ、こんな夜にはよほどのことがなければ出掛けないわ。吹雪の夜は危険だっていうことくらいだれでも分かっているわよ」

昔、必要だと思ってしたことを「おせっかい」と言われ、嫌がられたことを思い出しました。「余計なことだわ」と言って、拒否されたことを思い出しました。口に出さなくても、表情でそう伝えられたことを思い出していました。「また嫌がられるから止めておこうか……」という気持が湧《わ》いてきました。「ほんと、みんな大人なんだから、自分で判断できるわ。嫌がられることをわざわざすることもないわね」とも考えました。みんなにうるさがられること、嫌がられることをして、疎（うと）まれることを怖れる気持がありました。「ひびきの村」のスタッフのだれ一人としてそんなふうに考えないということを知っていてなお、怯《ひる》む心がありました。けれど、今ふり返って見るとわたしに必要なことをさせなかった力は、何よりもわたしの内の「怠惰《たいだ》な心」だったように思います。

吹雪《ふぶき》はいっこうに止む気配がありませんでした。

深夜に電話のベルが鳴りました。「Rちゃんが踏切で……」受話器の向こうから声が聞こえてきました。「ああ、やっぱり！」……目の前が真っ暗になり、心臓が止まったように感じました。「ああ、とうとうやってしまった！　懼《おそ》れていたことが現実になってしまった……」と思いました。

「スリップして脱輪してしまったけれど、通りがかった車を運転していた人が助けてくれて、大事には到りませんでした」と、聞いたときの安堵《あんど》した気持を、わたしは生涯忘れることはないでしょう。

Rさんが訪ねていた家を出たのは10時過ぎでした。雪は横なぐりの風に吹き飛ばされるように降り続いていました。路面はツルツルに凍《こお》り、その上に雪が積もるという最悪な状態でした。「カーブの先の踏切は気を付けなくちゃ！」Rさんがそう思ったとたん、車がスリップし始めました。「たいへんだ！このまま踏切に入ったら脱輪してしまう！」……Rさんは思い切りブレーキを踏んでしまいました。それは、凍《こお》った道では最悪の判断でした。今年はじめて北国で冬を迎えたRさんは、凍った道で運転することに馴《な》れてはいませんでした。勿論、……スリップした時にはブレーキをかけない……という鉄則を知ってはいました。でも、とっさの場合は、馴《な》れた人でもブレーキをかけてしまいます。馴れないRさんがそうしたことは無理もありません。

「二、三日晴れた穏やかな日が続いたので、気が緩《ゆる》んでいたんだと思います。心配かけてごめんなさい」とRさんは、足の痛みに顔をしかめながら、そう話していました。

「しまった！と思った時には、もう車は線路の上で傾いていました。とにかく車から降りなくちゃ、と思いました。でも、動こうとしても足がぜんぜん言うことをきかないのです。それに身体を動かそうとするたびに胸が裂《さ》けるように痛みます。警報機が鳴り出しました。うそっ！やめて！その時の気持は言いあらわせません。

車から出なくちゃ、出なくちゃ……頭の中は真っ白でした。車の外へ出ることばかりを考えていました。その時です！「大丈夫かー」という声と一緒に男の人の顔が窓から見えました。そして2本の手が伸びてきて、わたしを車から引きずり出してくれました。それから男の人は、列車を止めるためのボタンを押しました。しばらくして、それほど遠くない所で、列車がブレーキをかける音が聞こえてきました。ああ、助かった！　と思いました。それから先のことは覚えていないんです」

病院に運ばれたRさんは、左足の踝（くるぶし）の骨を複雑骨折していると、診断されました。胸の打撲は心配ないとのことです。

「通りがかった車から下りてきた人が、足を骨折し、胸を強く打って動けなかったRさんを、車の外に連れ出してくれました」……そう聞いた時の嬉しさを、わたしは一生忘れないでしょう。踏切の警報が鳴りだし、列車が近づいて来ることを知りながら、動けなかったRさんはどんな気持ちだったでしょう？　足がまったく言うことをきかず、車から逃げ出すことができずにもがいていたRさんの気持を想うと涙が出ます。彼女は間一髪《いっぱつ》で助けられました。そして、幸運なことに列車にも被害は及びませんでした。

よかった！　本当によかった！　Rさんが車ごと列車に巻き込まれなくて本当によかった！　わたしはどんなに感謝してもしきれない思いでした。

大切な人にこんなに酷《ひど》い思いをさせなければ、わたしは学ぶことができないのでしょうか？　わたしがつまらないことを気にせず、「こんな吹雪の夜は外に出ないで！」と、みんなに注意を呼びかけたら、こんなことは起こらなかったでしょうか？

またしても、表面的なつまらないことに捕らわれて、わたしは本質を生きることができませんでした。

Rさんとわたしは話しをしました。彼女もまた、わたしと同じことを考えていたのでした。

「あの晩、吹雪《ふぶき》をおして出掛けなければならないほどの用はありませんでした。でも、翌日になると忙しくなって話しもできなくなる……、そう思って会いに行くことにしたのです。『しばれる夜は外出しないこと、どうしても出なければならない時は、運転が上手で、雪道に馴《な》れている人に頼むこと』祐子さんにそう言われていたのに……。出掛ける前に思い出したんですよ。

彼にわたしの家に来てもらおうかな、って考えました。でも、下宿先に、彼に来てもらうのは気が引けたんです。みんなの目を気にしたんですね。だれもなんとも思っていないのに……。帰るときも、彼が言ってくれたんです、『僕が送ろうか？』って。でも、……こんな吹雪の晩に悪いから……って断ったんです。わたしのしたことは、全部本質的なことではありませんでしたね。つまらないことばかり気にして、本当に大事なことを忘れていました。いいえ、忘れてはいなかったけれど、『人にどう思われるか』とか、『人に迷惑をかける』から、なんてつまらないことを考えて、本当にしなければならないことをしなかったんです」

エリセイのように、生きたいと思います。何もかもなげうって、もっとも大切なことだけに心を向けて生きたいと思います。時には、神様のご用をなげうっても、しなければならないことをしたいと思います。そういう勇気をわたしの内に育てようと思います。


「日常の自我のなかには、高次の自我は存在しない。

高次の自我は、外なるすべてにある。

星、太陽、月、意志、動物のなかに存在するのである。

あらゆるところに、わたしたちのなかにあるものが存在するのだ」（ルドルフ・シュタイナー）

高次の自我の導きに従いたいと思います。高次の自我が囁《ささや》いていることばを聞きたいと思います。

高次の自我が示していることを見たいと思います。わたしの周囲に生きる人、わたしの周囲にある物、起きる出来事に目を向け、耳を傾け、手に触れ、匂《にお》いを嗅《か》ぎ、味わい……もっとも大切なことを見極《みきわ》めたいと思います。


たとえ、それがわたしの本意と違っていたとしても、わたしは高次の自我の導きに従って生きたいと思うのです。高次の自我は、いつでもわたしに本質を示し、本質を生きるように促してくれるのですから……。

子どもの成長段階Ⅵ

14歳から18歳まで「真理をもとめて」

「身体で体験したことを心の体験にし、
心で体験したことを身体の体験にする」
理想を掲げ、志を持ちながら、人間は一人で生きてゆく。
大村さん自身の、ふたりの息子さんの思春期を振り返り、
すべてのもののつながりの中で、心の世界を自由に歩く…。

わたしたちは昨年の6月から、ルドルフ・シュタイナーの深い洞察によって得られた世界観と人間観を基にして、子どもたちの成長を、段階を経て学んできました。学びながら、わたしは忘れかけていたわたし自身の子ども時代のことを思い出していました。そして、同時に、ふたりの息子たちの成長の過程をも思い浮かべていました。ふたりの子どもを授かり、育てたことで、自分自身の人生をも含めて、わたしは三人分の人生を生きてきたような気がしています。皆さまもそんなふうに感じていらっしゃいますか？

わたしたちの学びも今号が最後になりました。皆さまが子どもの教育を考える時、皆さまご自身の人生を顧《かえり》みる時、この学びが少しでも力になれると良いのですが……。

さて、今日は、思春期の子どもたちがどのような状態に在るのか、そして彼らが今学ばなければならないことは何なのか、彼らが学ぶことを、わたしたち大人はどのようにして助けることができるのか、をご一緒に学びたいと考えています。

今、わたしはシュタイナーの講義録「14歳からのシュタイナー教育」を改めて読み直しています。そして、……わたしが受けた教育がどんなにひどいものであったか、真に望ましい教育と、それはなんと遠くかけ離れたものであったか……ということに、大変な衝撃を受けています。

思春期の大部分を、わたしは進学校と言われていた都立高校で過ごしました。わたしはそこで大切なことは何も学ぶことができませんでした。それを、悲しみと怒りをもって断言できることを、今わたしはとても残念に思います。高校では授業も、生活も、すべてが無味乾燥でした。学校には荒涼《こうりょう》で殺伐《さつばつ》とした空気が漂《ただよ》っていました。わたしにはたった一人だけ心を通わせることができる友人がいましたが、在籍していた4年の間（病気で1年間欠席していました）、わたしは先生と私的な会話を交わした覚えはまったくありません。思春期の中に在った高校生のわたしが学ばなければならなかったことは、「生きた知識」だったはずです。けれど、わたしが先生方から与えられものは「死んだ知識」、生命のかけらも感じられない知識だけでした。

学校と先生に失望したわたしは一人で本を読み、世界のことや人間のことを考えました。広い広い宇宙のこと、その中の小さな地球のことに思いを馳《は》せました。一人で音楽を聴き、詩をつくり、絵を描き、ピアノを弾き、歌を歌い、散歩し、そして時にはたった一人の友人と一緒に映画を見ました。わたしの外側は静かでしたが、わたしの心は生き生きと息づいていました。こうして、わたしは幸いなことに、この時期の子どもにとってとても大切なことだとシュタイナーが示している……内面生活を生き生きと生きること……を一人でしていたように思います。

学校の先生方は決して教えてはくれませんでしたが、こうして一人でさまざまなことを体験しながら、わたしの目に、もう一つの大事なことが見えてきました。それは、「世界のすべてがつながっている」ということでした。……断片的に知識を与えるのではなく、すべての知識を関連づけて教えること、そして、子どもが「世界中のどんな事柄も、互いに関連し合っているらしい」と思えるようにすること…

…そのことこそが、子どもの心を励ます授業になるとシュタイナーは言っています。心の向くままに、さまざまなことを体験していたわたしには、世界に在るすべてのものがつながって見えてきたのでした。

さらに、シュタイナーは……論理性を育てる……ことが、子どもたちにとってとても大切なことだと言っています。わたしは肺結核という病を得たことで、その大切なことを学ぶ機会を与えられたように思えます。わたしが治療を受けていた療養所では、多くの人が毎日忙しく立ち働いていました。特にわたしの身近にいた医者や看護婦は、……まずイメージする、次にそれを思考したうえで判断し、そして決断して行為する……ことを日常的に行っているように見えました。そのように働き、生きている彼らに触れて、……考えるだけで行為しない、論理的なことを言いはするけれど、言ったことに決して責任をとらない、人の批判ばかりする……生き方は正しい生き方ではないということを、わたしは学びました。勿論、その当時、わたしが彼らの活動をそのように理解できた訳ではありません。ただあの時、わたしは彼らの生きる姿に感動し、彼らを心から慕《した》っていました。そして、今、シュタイナーに示されて、「ああ、そうだったのだ！ わたしはあの時、彼らの正しい生き方に触れていたのだ」と、思い当たるのです。

その他にも、シュタイナーがこの時期の子どもに必要なこととして挙《あ》げている多くのことを、わたしはさまざまな状況の中で、ざまざまな人によって教えてもらうことができました。

「身体で体験したことを心の体験にし、心で体験したことを身体の体験にする」ことも、療養所で学びました。それはまさにわたしの受けた治療そのものでした。身体に施《ほどこ》された治療を、わたしは心で体験しました。医師の的確な診断と治療、そして看護婦のてきぱきした処置をどれほどありがたく思い、そして感動したことでしょう！

心で体験したこと……たとえば、雨の中で啼《な》いている山鳩のしめった声、赤松の林の上に架《か》けられた大きな大きな虹の七色、お掃除のおばさんが話してくれた幼い頃の話……を、わたしの身体はまぎれもなく体験し、その体験がわたしの身体を癒《いや》してくれたのでした。

「子どもの心の中で理想が生き、志を持って生きることができるように」というシュタイナーの示唆もまた、わたしの中で実現していました。同じ病室で療養していた28歳の女性がいました。その人は長野県から一人で上京し、大学を卒業してから事務機を扱う小さな会社で働いていました。長くて単調な療養生活を続けていると、眠れない夜があります。そんな時、彼女はよくわたしに夢を語ってくれました。彼女は大きな志を持っていました。彼女を見舞う人は彼女の恋人と、たった一人の親友だけでした。手術の日にも家族は来ませんでした。「母親はわたしが7歳の時に亡くなったの。再婚した父親にはまだ小学生の子どもがいるから……忙しいのよ」と言って、手術を受けるために外科病棟に移っていった冷たい霙《みぞれ》が降る朝。その日の彼女の自然な笑顔を忘れることができません。……人間は一人で生きてゆくのだ、理想を掲《かか》げ、志を持ちながら……わたしは、彼女の生きる姿に大きな勇気と力をもらいました。決して人に頼らず、人のせいにせず、病に倒れながらもなお志を持ち続けて一人で立ち、歩く彼女の姿こそが、わたしにとって理想の生き方となったのです。難しい局面にぶつかって志を投げだそうとするたびに、今になっても彼女の姿がわたしの胸に浮かび、諦《あきら》めることを諫《いさ》めてくれるのです。

シュタイナーはこうも言っています。……思春期の子どもは、自分の内面生活の豊かさが実感できればできるほど、外の世界に適応して生きていきたいと思うようになり、その外の世界が、ますます広大な、謎《なぞ》に満ちたものとして現れてくるはずである。人間と宇宙との間に存在する途方もない秘密が予感できるようになるはずなのである……と。病を得て自由に動き、歩くことが許されなくなったわたしは、美しいものに憧《あこが》れ、真の歓《よろこ》びを求め、善を行う人を尊ぶようになりました。そして、目には見えない、耳にも届かない、手で触れることもできない精神の世界、そして、そこに確かに在るであろう力を感じるようになりました。そして、療養所の外に出ることができなかった代わりに、わたしは心の世界を自由に歩く歓びを見出したのです。

時折思い出したように見舞いに訪れるクラスメートが話す……成績順が上がったこと、補欠からレギュラーに昇格してテニスの公式戦に出たこと、憧れの先輩と話しができたこと……に、わたしはまったく興味を持つことができなくなりました。「世界はこんなに謎《なぞ》に満ちているのに、人はこんなに崇高《すうこう》なのに、あなたがたは何をしているの？　あなたがたには見えないの？　聞こえないの？」というもどかしさだけを感じていました。成績を上げること、そして、よい大学に入学すること、好きな人とデートすること……それだけの生活に、何の疑問も持たない彼女たちの在り方が、わたしには理解できませんでした。気が付かないうちに、彼女たちは大人が仕組んだつまらない競争に巻き込まれていっているように、わたしには見えてならなかったのです。

わたしは病を得てエリートコースと呼ばれる道からはじき出されました。けれど皮肉なことに、学校教育では得ることができなかった、さまざまな力を、学校の外で与えられました。今学校で行われていること、あるいはなされていないこと、そして、多くの先生方の在り方を考えれば（勿論、正しいこと、すべきことを行っている先生方がいらっしゃることも知っています。そして、そうできない先生方がいても、それはその方達だけの問題だとは決して考えてはいません。社会を担うわたしたちすべての大人の責任だと考えています）、それは当然のこととも言えます。

……わたしたち大人、特に教師は、子どもたちと内的な関わりをもたなければならないということ、そして、理想を求めて止まない子どもたちに、わたしたちは人生の目標を示さなければならないということ……思春期に在る子どもたちを教育するとき、もっとも大切であるとルドルフ・シュタイナーが示していることを、学校ではなく、療養所で、そこで療養している人たちと、働いている人たちが、わたしに示してくれました。わたしは幸運でした。わたしの高次の自我は、わたしを損《そこ》なう場所から強硬な手段をもってわたしを遠ざけ、必要な場所に連れ出しました。大きな試練のように思えたことが、実は大きな恵みであったということに、わたしは今深い感謝を捧《ささ》げずにはいられません。

二人の息子が歩んだ道

二人の息子たちが過ごした思春期はどんなものだったのでしょうか?

長男の一郎は、彼の思春期の大半を「自由の森学園」で過ごしました。入学した時から寮で暮らし、朝目覚めた時から、夜眠りに就《つ》くまで、(いいえ、きっと眠っている間も、)「自由の森学園」の理念の中で暮らし、その教育を受けました。

「自由の森学園」は、1985年の春、教育の自由を主張し、高い志を掲げた先生方と、彼らを支える父母たちの力で創られた学校でした。正しいことと確信して始めたことが、そうではないと分かった時、潔く改める勇気と決断力を備えた先生方に導かれて、一郎は人間として大切なこと、……理想を持つこと、志を失わないこと……を学んだと、わたしは確信しています。高い理想を掲げ、志を持ち続けて生きる先生方と、深く内面で関わっていました。寮の賄《まかな》いを一手に引き受けてくださっていたおばさんを、彼は深く敬愛していました。毎日、寮のすみずみまできれいに掃除してくれたお姉さんを、一郎は心から大切に思っていました。足繁《しげ》く通っていた町のパチンコ店で知り合ったお兄さんとも仲良くしていました。夏休みには「青春18切符」を使って、旅をしていました。さまざまな場所でさまざまな人の暮らしを体験し、社会に対する目が養われていく様子が見て取れました。また、二夏《ふた》を北海道の瀬棚《せたな》の牧場で働かせてもらいました。新天地を求めて寒さの厳しい移住していった人たちの暮らし、その人達が掲げる理想的な牧畜の在り方、志を曲げず、自然と動物と人間が共存できる生き方を目指す人たちに触れて、ここでもまた彼は、人が共に生きる社会の在り方を深く考えたようでした。朝まだきの深い霧の中を、作業着を身につけて牛を追っている一郎の写真が送られてきました。わたしはその写真を今も取り出して見ることがあります。彼が、身体で体験したことを心の体験にし、心で体験したことを身体の体験にするという、貴重な学びを得た場所として、わたしは今も深く感謝し続けています。

「自由の森学園」で子どもたちは、広い世界と出会うこと、感動と愛と共感をもって人と出会うことができるように、促されていました。世界各地から招かれて、あるいは気が向くまま学校を訪ねて来る人が大勢いました。その中に、シタールを携《たずさ》えてインドからやって来た人がいました。一郎はシタールの音を聴いた瞬間の心の震えを、こんなふうに書いて送ってくれました。

……かあちゃん、元気ですか？　僕は今日、シタールという楽器に出会いました。演奏者の指が弦《げん》に触れたとたん、世界中の空気が震えたように感じました。それから3時間、ずーっとどこにいるのか忘れて聞いていました……

短い文章の中に、彼の感動と歓びと驚きに満ちた心が書き記されていました。学校のまわりの山林がつぶされて、次々とゴルフ場に変えられてゆく姿に憤り、先生や友達と反対運動をしていると聞いたこともあります。ゴルフ上の芝を育てるために使われる農薬が、山の麓《ふもと》の畑に流れ込み、農家の人が困っていることも話してくれました。アメリカに来て知る人がいない寂しさを癒すために、と考えて、次郎が望むままにゴルフをさせていたわたしの無見識さを、わたしはその時どんなに恥じたことでしょう。夜、向かいの山に松明（たいまつ）を灯《とも》して人文字をつくったことを話してくれた時には、彼の興奮が受話器を通して伝わってきました。彼は美しいこと、驚くことが大好きなのです。中国へ旅したときには、わたしが生まれた病院を探し歩いてくれたと言います。卒業を祝う会では合唱のピアノ伴奏をし、そして和太鼓を叩《たた》いていました。姿勢を正し、唇をかみしめ、力一杯大太鼓を叩いている彼の額から流れる汗が、彼の学んできたすべてのことを伝えてくれているようでした。

一郎は、困ったこと、苦しいこと、悲しいこと、辛いことを、ほとんどわたしには話しませんでした。生命を落とすほどに危険なこともしたでしょう。叩きのめされても仕方がないほどの不誠実な振る舞いもしたかもしれません。多くの虚偽も言い、多くの不正もおかしたことでしょう。人として決して許されないこともしたかも知れません。わたしが知らされたこと、知ったことは、知らないことよりずっとずっと少ないことを、わたしは分かっています。悲しみや苦しみ、困難や苦悩、虚偽や不正……経験した多くの負の要素からも、大切なこと、必要なことを彼は学んだに違いありません。かつてのわたしがそうであったように……。

今彼が在るのは、彼の暮らしたあらゆるところで関わった、理想を掲げ、志を持って生きている大人、その方たちの力によるものです。今彼が在るのは、彼が旅した多くの場所で出会った、真摯《しんし》に世界と向き合い、務めを果たしている大人、その方たちのおかげです。彼の姿を見るたびに、彼をここまで導いてくれた、お会いしたことのない多くの方々に、わたしは深く深く感謝せずにはいられません。

長男の一郎と、わたし自身が歩んだ思春期の道を思うとき、学校の外で学んだことの大きさに改めて驚きます。そして思うことは、学校に求められないものを無理に求めることはない、人生のどの局面においても、子どもは学ぶことができるのだ。出会うどんな人からも、子どもは多くのことを学ぶことができるのだということです。勿論、学ぶ場所として相応《ふさわ》しく学校を整えることは、今緊急の課題としてわたしたちの目の前にあります。けれど、学校だけが子どもの学ぶ場所ではないということ、学校以外の場所で出会う多くの人からも、子どもたちは大切なことを学ぶのだということを、心に留めておく必要があるとわたしは考えています。

次郎がシュタイナー学校で学んだこと
目覚めた異性への愛

次郎が女の子を異性として意識し始めたとわたしが気づいたのは、彼が小学校5年生の時でした。近所のスーパーマーケットに買い物に誘うと、お気に入りのシャツとズボンに着替え、時間をかけて丁寧《ていねい》に髪をなでつけるようになりました。「次郎くん、角（かど）の店に行くだけなのよ。もういいんじゃない？」と言うわたしに、次郎はこう答えたのです。「お母さん、クリスがね、『いつどこで素敵な女の子に出会うかも知れないから、いつでもちゃんとした格好をしていなくちゃいけないよ』って教えてくれたんだ」……それからわたしは、次郎のおめかしにつきあうようにしました。彼にとってはそれがとても重要なことだということが分かりましたから……。

それから4年経って、彼は思春期と呼ばれる年齢になりました。思春期とは、性に目覚める時期とも言えます。次郎のまわりにいる子どもたちを見ると、日に日に女の子は女の子らしく、男の子は男の子らしく変りつつありました。女の子は身体全体がふっくらと丸みを帯びてきます。この頃には、殆《ほとん》どの女の子が生理を体験しているでしょう。反対に男の子は筋張って、身体が引き締《し》まってきます。そして喉仏《のどぼとけ》が目立って大きくなり、声も太く、低くなってきます。そうして彼らの内で性的な衝動が育ってゆくのです。

以前（シュタイナー教育に学ぶ通信講座　第1期5号「子どもの暴力」、第2期2号「17歳の危機とシュタイナー教育」を参照して下さい）にも書きましたが、この頃、子どもたちの身体は大きく変わりとても不安で、不安定な状態に陥《おちい》ります。

わたしたち大人もそうではありませんか？　職場の配置が変わった時や転勤した時、今までと違う場所で、初めて出会う人と一緒に仕事をするようになります。そんな時、これからどうなるだろう、と考えて不安を覚えます。また、赤ん坊が生まれて家族が増えた時や、成長した子どもが小学校に入学した時など、生活のリズムが変わります。すると、馴《な》れるまで、わたしたちはとても不安定な状態で過ごすことになります。それを予測していても、自分が望んだことであっても、環境が変わり、生活のサイクルやリズムが変わると、わたしたちは時には動揺し、時には不安定になり、また時には不安になります。

まして、思春期に在《あ》る子どもたちは、自分たちの身体が変わることなど予測してはいなかったことでしょう。性教育を受けたとしても、彼らはそれを受け入れたわけではないのです。生理が始まる、声が変わる……実に大きな変化です。

皆さまも初潮を迎えたその瞬間のことを、きっと覚えていらっしゃることでしょう。うろたえ、困惑した気持ちは勿論のこと、わたしがそのことを告げた時に母が着ていた服や、台所に漂《ただよ》っていたお総菜の匂《にお》い、ラジオから流れていた音楽、空の色、空気の匂い……を、わたしは今でも鮮明に思い出すことができます。それほど、それは、わたしの人生のうちでも実に大きな衝撃だったのですね。

　こうして思春期を迎え、女の子は女らしく男の子は男らしく身体が変わりつつある子どもたちの内で、当然のこととして性への関心と性の衝動が芽生えます。そして、身体の内からわき上がる衝動と、心の在り方とが調和を崩し、彼らはバランスが保てなくなるのです。

　9年生になり、サクラメントのシュタイナー学校の高等部に進学した次郎も、思春期のまっただ中へ足を踏み入れました。10年生になると、ますます彼の内では混乱が増していくようでした。そんな次郎の前に現れたのが、1歳下のアービー・ファウストでした。アービーは縮《ちぢ》れた長い金髪をひとつに結び、青い瞳を持つ、すらっとしたとても魅力的な女の子でした。

　シュタイナー学校は1年生から12年生まで、各学年に一クラスしかありません。ですから、子どもたちにとってクラスメートは家族のように、いえ、時には家族以上に深い関わりを持つこともあります。そんな環境に影響を受けたためでしょうか、次郎は、どんな女の子にも、姉や妹のような気持を感じていると言っていました。けれどそんな次郎が、アービーには特別な感情を抱き始めたようです。ステディーになった二人は、来る日も来る日も一緒にいました。朝も昼も夜も一緒にいました。たとえ一瞬でも離れがたいようでした。早く授業が終った方が、相手の教室の前で待ち、長い休みはもちろんのこと、5分間の休みにも片時も離れていることができないようでした。

　次郎の生活は一変しました。彼はどうしても必要なこと以外はまったくしなくなりました。時には必要なこともしない、ということもありました。どっさりと出される宿題、リサーチ、毎日続けていたエクスサイズ、そして、本を読むことも、トロンボーンの練習も、友達とのつき合いも……削《けず》れるだけ削り、避《さ》けられるだけ避けて、アービーと一緒にいる時間をつくっているようでした。次郎が家にいる時は必ずアービーも家にいました。わたしと二人でいる時間は殆どなくなりました。アービーは夕食を殆どわたしたちと一緒にとるようになりました。菜食主義の彼女に倣《なら》って、次郎は肉も魚も食べなくなりました。

これほど人に献身し、奉仕する次郎の姿を初めて目にして、わたしはただただ驚きました。若いふたりがこれから先も、ずっと変わらず今のような関係を持ち続けることができるとは容易に考えられません。別れる時が、やがて来るだろうと思って、夢中になっているふたりを見ながらわたしは心を痛めるのでした。そんなことを心配することは、まったく余計なことだとは分かっていました。けれど、かつてわたし自身が愛する人と別れたときの悲しみや痛みを思い出しては、アービーと次郎がそんな体験をする日が来ることを、わたしは恐れていたのでした。

……自分が好ましいと思っている人、自分が愛している人だけに没頭する、献身する、奉仕するふたりには、まわりの世界も、人も消えてなくなってしまったかのようでした。ふたりはお互いを見つめ続けるだけでした。世界を見る目をまったく失ってしまったのでした。幸せそうに寄り添っているふたりの姿を見るたびに、楽しそうな話し声を耳にするたびに、アービーと一緒に食卓を囲むたびに、わたしはそれを楽しむ心と、恐れる心の間で揺れていました。そして、いつか彼らの個人的な愛が、世界に広がってゆきますように、と祈り続けていたのでした。

ふたりに別れが訪れたのは、翌年のクリスマスの夜のことでした。アービーにはデボラという親友がいました。「アービーの理想の男性は、デボラのお兄さんなんだって！　小学生の頃から憧《あこが》れていたそうだよ」と、次郎が話してくれたことがありました。そして、アービー自身の口からも、「彼、ちょっと不良がかってかっこいいの」と、聞いたことがありました。

家から離れていたデボラのお兄さんが帰郷したと聞いた12月のはじめの頃から、彼女の様子が変わったことに、わたしは気づいていました。次郎がひとりで家にいる時間が増えました。「アービーはどうしたの？」と訊《たず》ねると、「デボラと一緒に宿題をするんだって…」という浮かない返事が戻ってきました。勿論、アービーが変っていく様子をわたし以上に、次郎は気になっていたことでしょう。

デボラの家でクリスマスパーティーがあると言って

出かけた次郎が、1時間もしないうちに帰ってきました。次郎の顔を一目見て、「ああ、恐れていたことが起きたんだわ」と思いました。わたしと目が合うと、彼はくたくたと、わたしの胸の中に倒れ込みました。そして、彼は声をあげて泣きはじめました。彼の身体も心も……慟哭《どうこく》していました。……次郎君、泣いたらいいのよ。思い切り泣いたらいいのよ……こんなことと生まれてはじめてですものね。はじめての恋に破れたのですものね。一生に一度のことですものね。次郎君、いいのよ、泣いたらいいのよ……。

「アービーとふたりだけで話したかった。でも彼女はパーティーの最中に、しかもみんなのいる前で。ぼくに向かって別れると言って……そのまま彼の部屋に消えたんだ」……次郎がとぎれとぎれに話すことばは、わたしの胸を鋭く抉《えぐ》りました。でも、これが、次郎がアービーに対してしたのだったら……そうではなくて良かった、と安堵《あんど》する気持もわたしの内にありました。愛する女の子にひどい苦しみを与えるようなことを、次郎がしなくてよかったと、ひどく痛む胸の一部で、わたしはそう思っていました。実にエゴイストな母親でした。

それから次郎は自分の部屋に戻って行きました。しばらくして、寝床に入れずにいたわたしに、「そこの公園まで行って来る」と言って顔を出しました。もう真夜中の12時を過ぎていました。アメリカはとても物騒なところです。比較的穏やかだと言われているサクラメントでも、毎日毎晩どこかで人が襲われ、殺されています。つい1週間前には、近くの公園でカージャックがあり、パトロールカー12台とヘリコプターが3機が出動した騒ぎがあったばかりです。男の子だから大丈夫と安心などできません。まして今、次郎は激しく動揺しています。けれど、彼の気持ちを考えると「行かないで」と言って、止められないことも分かっていました。

次郎が出ていった後、わたしは祈り続けました。……無事に帰って来るように……ただただ、それだけを祈っていました。30分も経った頃、玄関の鍵を回す音が聞こえてきました。「悪かったね、かあちゃん。もうどこにも行かないから安心して寝て」わたしの顔を見て次郎はそう言い、自分の部屋に戻って行きました。

『早く帰りなさい。家に帰りなさい。お母さんが待っているわよ』という声が聞こえてたんだよ。家を出た時からずっと…」その時のことを思い出として話せるようになった頃、次郎はそう話してくれました。

それから後の数日間を、次郎がどのように過ごしていたか、わたしは覚えていません。覚えているのは、カレッジで行われていた、「クリスマスの12夜の集い」(クリスマス・イヴにイエス・キリストが生まれたことを、天使によって告げられた東方に住む三人の賢者が、ベツレヘムに向かって旅した12日間のことを言います。わたしたちはシュタイナーの洞察によって示された、全人類にとってもキリストの存在の意味を考え、学びながら、12夜を過ごします)に出ていた次郎のひっそりとした姿と、冬休みの間に彼が描いた一枚の水彩画だけなのです。

その絵は、うっすらと明け始めた草原の、丘の上に立つ一本の裸木と、一面にひろがる風に揺れる草、そしてそれを見下ろす明けの星を描いたものでした。その絵を描いている間、一言も話さず、一心に筆を動かしていた彼の姿が今でもわたしの心に残っています。彼はそれを美しい額に入れて、アービーにプレゼントしました。彼の深い愛と、すべての思いが感じられる静かで平和な絵でした。

異性への愛が世界への愛に変わるとき

それから次郎は変わりました。静かにひとりで過ごす時間を好むようになりました。それまでも友人に助言を求められることが多く、相談にのっていた次郎の姿をよく見聞きしていましたが、彼が以前にも増して、何を措《お》いても友だちを助けているようでした。母親と喧嘩《けんか》をして家を飛び出してきた女の子が2週間、我が家にいたことがありました。彼女が母親と話をする気持になるまで、次郎は根気よく待っているようでした。両親が離婚して悲しみにくれている友人の力になっていました。お兄さんがドラッグから抜け出せず、それが原因で家族が不和になってしまった友人の相談にものっていたようでした。

家庭の事情で転校した元のクラスメートが、妊娠して困っていると聞いた時にも、次郎はすぐに飛んで行きました。そして、彼女のボーイフレンドと話をしているようでした。彼女が人工中絶手術を受けると決めた時にも、彼は一言も彼女を責めることばを口にしませんでした。ボーイフレンドと別れた彼女が病院に行く時には、ずっと付き添っていたようでした。そして、その後、彼女が学校に戻れるように手助けをしているとも聞きました。

その3ヶ月後には、バスケット部の後輩のセーラが妊娠しました。彼女は1年間休学して、子どもを生むことに決めました。それをわたしに話す次郎はとても明るい顔をしていました。出産のための準備にも手を貸していたようでした。「セーラのお母さんが、セーラが赤ちゃんのときにそっくりだ、って言っていたよ。生まれたばかりの赤ん坊って本当にちいさいんだねえ、びっくりしたよ。かあちゃん、ぼくもあんなに小さかったんだろうか！」……そうよ、あなたも小さい赤ちゃんだったのよ。そのあなたが17年経った今、友達が生んだ赤ん坊の世話をしているとはねえ……。

セーラが育児ノイローゼにならないようにと心配して、週末になると、彼はセーラを外出させ、その間ベビーシッターを引き受けていました。宿題をどっさり抱えていっても、「赤ん坊が泣いてばっかりいたので、1枚もレポートが書けなかった！」と言って帰ってくることがよくありました。赤ちゃんの世話の仕方をわたしにあれこれ訊《たず》ねる次郎に、「なんだか、こんな場面をいつか映画で見たことがあるみたい……」と、わたしはなんとも不可思議な思いに浸っていたのでした。

自分の胎内《たいない》に宿った子どもの生命を守ることができなかった友人の苦悩を、次郎は黙って見ていることができませんでした。彼女の悲しみは次郎の悲しみでもありました。そして、彼女が生むことを決められなかった原因の大きな部分を、社会の、そして、わたしたちの在り方の中に見出したのでした。若くして身ごもった女性の苦悩を、世間の人々がもっと理解することができたら、そして、彼女たちが背負った重荷を、彼女たちと共にわたしたちも担《にな》おうとしたら、彼女たちは勇気をふりしぼって子どもを生むことができるのに、と彼はわたしに訴えました。

子どもを生んだ友人が抱えている困難をも、また、彼は見ていました。若い母親がひとりで子どもを生み、育てることに伴う大きな困難を目の当たりにして、彼は社会がもっともっと支えることが必要だと考えたのでした。

それから1年が経ちました。卒業式を間近に控えて、なんとなく華《はな》やいだ空気が漂《ただよ》う学校のホールで、12年生の卒業制作を発表する会が開かれました。シュタイナー学校の子どもたちは卒業を前に、……もっとも関心を持ったことについて深く学び、それを芸術的に表現する……という課題を与えられます。そして、それを発表するのです。

担任の先生に呼ばれて、次郎が両手に大きなものを抱えて出てきました。そっと机の上に置かれたものは、妊娠している女性の像でした。日本の博多人形を思わせるような、ふっくらとした優しい面立《おもだ》ちの女性が、愛（いと）おしそうに大きなお腹に両手を当てて天を仰《あお》いでいます。長い髪が腰まで垂《た》れていました。

次郎が選んだ課題は、十代の女性の妊娠についてでした。彼は中絶の実体の数々を実に克明に調べていました。アメリカの実状は勿論のこと、彼の祖国である日本が、「中絶大国」と呼ばれているほど、人工中絶が多く行われていることまでをも調べていました。さまざまな統計を報告した後、彼は十代で妊娠した多くの女性と交わした会話を報告しました。そして、わたしたちに訴えるのでした。

……生まれてくる子どもの父親であるボーイフレンドに去られ、家族の理解も助けも得られなかったら、経済的な支えを持たない若い女性が、一人で子どもを産む決心を、簡単にできるわけはありません。「産みたい。でも、一人でどうやって育てたらいいんだろう。人間として人工中絶はしていけないことだし……どうしよう」「どうしても生みたい！赤ちゃんにちゃんとした暮らしをさせたい！　わたしも学校を続けたい」。生活のこと、自分の将来のこと、子どものこと、ボーイフレンドのこと……道徳と倫理観と自我と感情、そして肉体が彼女たちの内でせめぎ合い、苦しみ……、その狭間《はざま》で、彼女たちはたった一人でこの大きな苦悩と困難に立ち向かっているのです。そして、彼女たちの多くは決断ができないまま出産の日を迎えます。また、中には中絶しようと決めても、その費用を捻出《ねんしゅつ》できないまま産んでしまったという女性もいます。どちらも立法府と行政府の理解と援助が必要なことは明らかです。法律で守り、行政が具体的な手助けをすべきです。

でも、それと同時に大切なことは、彼女たちと共に暮らすわたしたちが彼女たちを理解することです。彼女たちを責めたり、批判したり、裁《さば》くのはやめましょう。彼女たちは十分過ぎるほど、自分で自分を責め、裁いています。そんなこと必要のないことなのですが……。世間には彼女たちを揶揄《やゆ》し、中には脅《おど》す人までいます。そしてその挙《あ》げ句、なんの手助けもしようとしません。いいえ、そんな人ばかりです。

彼女たちはわたしたちの友人です。隣人です。共に生きている人たちです。彼女たちの問題はわたしたち自身の問題なのです。どうぞ、あなたの近くに妊娠している若い女性がいたら、力になってあげてください。彼女たちの話を聞いてあげて下さい。そして、必要な手助けをしてあげてください。あなた方が僕たちを出産し、僕たちをあなた方の胸にはじめて抱いた時、どんなに幸せだったか思い出してください。彼女たちもその幸せを感じるべきです。彼女たちも赤ちゃんも幸せになる権利があります。幸せにならなければなりません。そして、わたしたちが手助けすれば、彼女たちは幸せな気持で、彼女たちの胸に子どもを抱くことができるのです。かつてのあなた方がそうであったように……。わたしたちが理解し、手を差しのべさえすれば……」

次郎のことばは聞く人の心を打たずにはいませんでした。そして、そこにいたみんなが忘れかけていた思いを掻《か》きたてられたのでした。子どもをはじめてこの胸に抱いた時の、あの幸せな気持を……もっと関心を寄せよう、そして、できることをしよう……と、わたしも強く思ったのでした。

そこに居合わせたわたしの友人の一人は、その後、自宅を開放して、若い母親が子どもと一緒に暮らせる場所をつくりました。そして、彼らが経済的に自立できるよう、技術を身につける訓練所も始めたという知らせも受け取りました。

心から愛する女の子アービー・ファウストに出会い、たった一人のその女の子に向けられていた次郎の愛は、こうして世界に向けられ、彼自身は勿論のこと、人をも動かす力を持つようになったのでした。

次郎だけではありません。見廻すと、次郎のまわりにはそんな体験をしている同級生が幾人もいました。黒人のボーイフレンドを持って、はじめて人が皮膚の色で差別されることを体験したレイチェル・アシュレイもまた、ひとりの異性に向けた愛を、世界へ向ける愛に変える努力をした女の子でした。彼女は裕福な家庭に生まれ、美しく、賢く、力も知恵も備えられた子どもでした。

……1年前に、わたしは素晴しい男性に出会いました。彼は黒人でした。わたし自身が人から差別を受けたことは、覚えている限り、生まれてから一度もありませんでしたが、彼が家に訪ねて来るようになってから、近所の人がそれまでとは違う視線でわたしを見るようになったと感じました。彼と一緒にファーストフードの店で食事をした時には、順番を無視されたこともありました。彼と手を繋《つな》いで歩いている時には「黒人といちゃいちゃしやがって!」と悪態《あくたい》をつかれ、目の前で中年の男性に唾《つば》を吐《は》かれたこともありました。

そんな経験を重ねて、わたしは「人が人を差別する」ことを真剣に考え始めました。わたし自身は人を皮膚の色の違いで差別したことはありません。でも、人は皮膚の色だけではなく、さまざまな違いを持っています。そして、わたしたち「違う」ということによって人を差別します。男、女、美人、不美人、スマート、不細工、金持ち、貧乏、頭が良い、悪い……。それから、わたしは自分が感じること、考えること、そして話すこと、することを、注意深く観察しました。すると、わたしの内で、始終「そんなこと知らないの!」「その服ひどい趣味ね」「それもできないんだ!」……という、人を軽んじたり、人をないがしろにする気持が生まれていることに気付いたのです。わたしは、わたしの内にも差別する心が潜《ひそ》んでいることを、認めない訳にはいきませんでした。

結局、わたしは黒人のボーイフレンドとは別れました。一人になると、わたしはもう以前のようにあからさまに差別を受けることがなくなりました。でも、これでいいんだろうか、と考え込んでしまい、そして、もっともっと差別を受ける経験をしてみよう、差別をすること、差別されることを深く考えようと決めたのです」

そう話しながら、レイチェルが被《かぶ》っていた帽子を取ると、そこに現れたのは……つるつるの坊主頭でした。あの美しいブロンドの髪は1本もありませんでした。驚き、ざわめいているわたしたちを見て、微笑むレイチェルの坊主頭がピカピカと輝いていました。

子どもたちを支える教師と大人

わたしは思わず振り返り、レイチェルの母親を見つめました。彼女は、みんなの視線を一身に浴び凛《りん》として立つ娘を真っ直ぐ見つめていました。父親はレイチェルにウインクを送っています。ここまで来る道のりには、ご両親にも、レイチェル自身にも、大きな葛藤《かっとう》があったに違いありません。どんなに苦しみ、悩んだことでしょう……わたしの胸に熱い思いがこみ上げてきました。そして、恋している娘や息子を、迷い悩みながらじっと見守っている、次郎のクラスメートの親たちの心を想っていました。

……リンダ、あなたは一人息子のジョシュアとガールフレンドの写真を机の上に置いて、いつもいつも祈っているわね。ジャネット、あなたの一人娘のアンはフランス人の留学生と恋愛しているのだったわね。いつか彼と一緒にフランスに行ってしまうのかしら？って嘆《なげ》いていたあなたのことばが忘れられないわ。マーガレット、次男坊のジェイエンはしょっちゅうガールフレンドを取り替える、って心配していたわねえ……

わたしのまわりには、異性と交際する子どもを見守っている母親と父親がいました。目の前にいる一人の異性にのめり込み、まわりが見えなくなっている子どもの姿に心を痛め、気遣い、恐れながら、それでも子どもを支え、励まし、慰め続ける母親と父親がいました。親であるわたしたちもまた、弱い心を持った人間です。時には怯（ひる）み、時には憚（はばか）り、時には争い、また時には幸せを分け合いながら、恋する子どもたちと関わってきました。子どもたちの異性への愛が、やがて世界に向かう大きな愛に育ってゆくことを信じて……。

「一人の異性に向ける愛が、やがて世界に対する愛に変わる」というシュタイナーのことばを信じて、子どもを諌《いさ》めようとする心を抑《おさ》え、苛立《いらだ》ちを抑え、時には怒りさえも抑えて、わたしたちは子どもの恋愛を見守っていたのでした。そして今、子どもたちはわたしたちが信じていたように、一人の異性に向けていた愛を、世界に向ける大きな愛に変えることができたのでした。

もし、子どもたちが一人の異性を愛することを、わたしたちが禁じたら、彼らの内で生まれた愛は萎《しお》れ、やがて枯れてしまったかもしれません。子どもたちは、人を愛することを懼《おそ》れるようになったかもしれません。人に愛を向けることを止めてしまったかもしれません。そうして、個人を越えて世界に向ける大きな愛を育てる機会がないまま社会に出て行くことになったかもしれません。

注意深く、辛抱強く、心をひらいて子どもたちの恋愛を見守ってあげたいものです。彼らは一人の異性を心ゆくまで愛し、すべてを捧げ、全身全霊をもって尽くすことを体験する必要があるのです。その体験こそが、彼らの内に世界へ目を向ける心を育てるのです。好きな人を愛して、愛して、存分に愛して……愛を失い、愛を捨て……その苦悩や悲しみが、やがて彼らの内で世界へ向ける大きな愛に変わり、その愛が世界を変える力になるのです。

子どもに必要な内的な関わり

……子どもと内的に関わる……ということはこういうことだと思います。ルドルフ・シュタイナーは、「14歳からのシュタイナー教育」の講義の中で、「教師と生徒との内的な関係を、意識してうち立てようとしなければならない」と繰り返し繰り返し言っています。わたしたちは目の前にいる子ども、一人ひとりと深く内的に関わる必要があるのですね。そして彼らの身体と心と精神が必要としていることに応えなければならないのですね。教師だけではなく、わたしたち大人が子どもたちと内的な関係を持とうとしないために、今、子どもたちは荒れているのではないでしょうか？

幼い子どもは欲しいものを手にすることができないと、泣いて訴えます。床の上にひっくり返って主張します。十代の子どもたちがしていることは、それと同じことなのです。泣いて訴えるかわりに彼らは顔を黒く塗りつぶし、オートバイを乗り回し、ひっくり返るかわりに友達を脅《おど》し、いじめ、暴力を振るっているのです。見知らぬ男性に身を委せてしまう女の子もいます。ドラッグに溺《おぼ》れてしまう男の子もいます。

今、十代の子どもたちが必要としていることは、わたしたち大人と内的な関わりを持つこと、社会と内的に関わることなのです。それを知らずに、わたしたちは、「良い成績を取って欲しい」「部活に励んで欲しい」「ピアスをしてはいけません」「茶色に染めた髪を黒くしなさい」「オートバイに乗ってはいけない」と言い続けています。

……自分はなにもせず、大人はそんなくだらないことばかり言う！　わたしたちばかりに求める！……

……あなたは外面的なことばかり言っている！

制服のデザインを変えて気を引こうとしたって無駄よ！　あなたがわたしの気持ちを分ってくれるまでルーズソックスを履《は》きつづけるわ！　あなたのことばはわたしの心に届かない！　ガングロのどこがいけないって言うの？　わたしを外見だけで判断しないで！　わたしの内側を見て欲しい！　もっとわたしの心に届く話をして！　わたしはあなたの心を知りたいの！　あなたはわたしの心を知りたくないの？　真理を示して！　真理のことばをあなたの口から聞かせて！　美しいものを見たい！　世界は素晴らしいところだって、わたしに分からせて！　そしたら苦しいことだってするよ！　教えて！　あなたはなんのために生きているの？　生きる目的が分かったら、そしたらわたし一生懸命生きるよ！……

子どもたちの叫び声が聞こえてきませんか？

「14歳からのシュタイナー教育」の講義の中のことば

この著書を翻訳された高橋巖氏の素晴らしい解説と、シュタイナー自身のことばをご紹介します。以前にもご紹介しましたが、是非、「ルドルフ・シュタイナー教育講座別巻『14歳からのシュタイナー教育』をお読みください。

「どんな知識も生命力を持っていなければなりません。子どもの心に根付き、子どもの心と共に生長し、そしていつか、その役割を果たしたときには、衰え、消えてゆくこともできるような『生きた』知識を授けなければなりません」

「ひとつの知識をできるだけ他の知識と関連づけて、子どもが『世界中のどんな事柄も、互いに関連し合っているらしい』と思えるようにすることが、子どもの心を励ます授業に通じるのです」

「内面生活が外面生活に抑圧されている時代にあって、たとえば試験制度のように、目に見える結果だけを重視し、外的なシステムに適応することだけを真実と考え、内面生活を生き生きと育てるという、生活の目に見えない側面に、わたしたちはあまり注意を向けようとしません」

「イメージ（表象）を作り、判断し、行動（決断）するという一連の論理的な態度において、従来、教育者は表象能力だけを論理の主体であると考え、判断、決断の本質に目を向けようとはしてこなかった。その結果、考えるけれども行動しない、口先ではいろいろな意見を言うが、どの意見にも責任をとらない、というタイプの人間を、大量に社会へ送り込んだ」

「しかし少数はである責任感の強い人間の生活をよく見てみると、確かに頭で意識的にものを考えたり、イメージを作ったりしてはいても、判断し、選択する作業は、頭ではなく、むしろ手で行っている。手は、頭のように数多くのイメージを生み出したりはしないし、つねに意識的であるとは限らないが、生活習慣や生活感情を表現している。頭による意識化の作業は人間を世界から孤立させるが、手を使った判断は、自分を他者と関係づける。そして決断という意思の働きは、頭でも手でもなく、むしろ足の働きであり、この働きによって、人間は大地にしっかりと立って、世界の中に積極的に関わってゆくのです」

「心の領域と身体の領域との結びつきを、あらゆる教科の中に見つけだすべきです」

「心の教育と身体の教育が、相互に、リズミカルに働きかけることが必要です」

「身体で体験したことを心の体験にし、心で体験したことを身体の体験にすることができるようにしなければなりません」

「思春期の子どもたちは生命体の拘束を受けることなく、心が身体から自由になります。けれど自我はまだ成熟できず、まだ身体と調和した関係が持てないので、外との関係が常に緊張をはらんでいるのです」

「このような思春期の変化を経験する子どもたちは、羞恥心《しゅうちしん》を心の深いところで常に感じており、大人よりもはるかに繊細で傷つきやすいのです」

「この時期の教育の困難さ、危険さにわたしたちは意識的に向き合わなければなりません。そして、その時大切なことは、この世のどんなところにも輝いている真実なものに目を向ける能力なのです」

「認識の基本は、思想を感情で把握することによって、思想を自分の内面と関係づけることです」

「子どもたちは自分自身と出会い、世界と出会いたいという強い衝動を持っているのに、時代がこの衝動に応えられないのです。そして、彼らは自分の中に閉じこもるようになり、出会いを懼《おそ》れるようにさえなります」

「子どもたちは自分の内面生活の豊かさが実感できればできるほど、外の世界に適応して生きてゆきたいと思うようになり、外の世界がますます広大な、謎に満ちたものとしてあらわれてきます。そのとき子どもたちは、人間と宇宙との間に存在する、途方もない秘密が予感できるようになるのです。本来そのような咆吼《ほうこう》に向かって、心も体も成長して行くべき時期に、そんな余裕もなく、気が付いたときには、彼らは受験時代のまっただ中におかれ、しっかり組織された社会の中に組み込まれているのです」

「『理想』が子どもの心の中で生き、志を持って生きることができるように、教師は最大限の配慮をしなければなりません。この時期にこそ、社会との結びつきを深めることが大切なのです」

「教育者自身が社会にどう向き合っているかを問わなければなりません。十代の子どもたちは『理想』を特別大事にしています」

「『人生は何かの目的のために存在しているに違いない。目標のない人生などありえない』と、子どもたちは思っています。だから、教師は子どものそのような思いに答え得るような自分を見つけなければならないのです」

「わたしたちは精神的な存在でなければなりません。そして、思春期の子どもたちと内的に関わらなければなりません」

ルドルフ・シュタイナーが示す事柄から、わたしは実に多くのことを学びました。けれど、わたしにもっともっと多くのことを教えてくれたのは、十代の子どもたち自身でした。命がけで生きている彼らの姿から、わたしはどれだけ大切なことを学んだことでしょう。たくさんのことを教えてもらいましたが、特に次の四つのことが、わたしは心に深く刻み込まれました。

- 彼らは常に真理を求めているということ。
- 彼らは理想的な生き方、理想的な社会を探し求めているということ。
- 彼らは人間の力を越えた大いなる存在を求めているということ。
- 彼らは異性への愛に目覚め、そしてその愛はやがて普遍的な愛に変わるということ。

わたしたちがこれらを心に留め、彼らと内的な関わりを持ち、彼らの存在自身に応えることができたら、その時こそ、わたしたちは彼らと共に生きることができるのだと、わたしは確信しているのです。そして、彼らと共に「精神の進化」を遂げることができるでしょう。

精神界から現れて
心とからだのすべてをもって
人間になろうとしている。
授業とはこの存在に向かって
働きかけることなのだ。

ルドルフ・シュタイナーは、14歳からの教育についての講義を、このように締《し》めくくっています。

シュタイナーによる人生の７年周期（6）

56歳から63歳まで……
「人生を完成させる」

人生の目的を多くの人に示すこと、そして共に生きること。
カルフォルニアと日本。大平洋に人智学の橋を架ける……
大村さんは、自らが来た道を振り返り、未来を見つめます。
「人生の７年周期」56歳から63歳へ……。
若くして17歳で亡くなったハイディーに思いを寄せながら。

この講座の1年目に、わたしたちはルドルフ・シュタイナーの人間観を学びました。そこで得た認識は、わたしたちが子どもを育て、教えるための大きな力となりました。

講座の2年目、昨年の6月からわたしたちは、人間がこの世に誕生し、周囲の力に助けられて成長して、いよいよ自分の力で生き始める21歳以後の人生について学んできました。それは、今20代、30代、40代、50代、60代を生きている、わたしたち自身の在り方と生き方を考えるために、大きな力となりつつあるとわたしは確信しています。

シュタイナーは、……子どもが成長するプロセスで、子どもの内で獲得される力は7年ごとに異なる……と言います。すなわち、0歳から7歳までは身体が著しく成長し、人間として生きるための身体の機能が整えられます。そして、同時に子どもの内で意志の力が育ちます。次の7年間、すなわち、7歳から14歳までの間には子どもの内で心が育ちます。子どもたちは真なるものに触れ、善なる行いを目にし、美しいことばを耳にして歓び、憧れ、感動します。そうして子どもたちの心は豊かに育てられるのです。思春期のまっただ中、14歳から始まる次の７年間には、子どもの内で思考の力がもっとも育ちます。子どもたちは、世界に法則が存在し、世界に真理が働いていることに気づき、それを思考し、認識するようになります。

こうして、周囲の人々に守られ、助けられ、導かれて、人間として生きるために必要な力を備えられた子どもたちは21歳になり、いよいよ自分の生を、自分自身によって生きてゆくのです。

このようなプロセスを経て、あなたもわたしも、みんな大人になりました。身体も生命体も感情体も、そして自我も十分成長し、自由で自立した一人の人間として、大地にしっかりと足をつけて立っているはずです。そして、人生を喜ばしいこと、嬉しいこと、楽しいことで満たしたいと願っています。どんな大きな困難にも、苦しみにも、悲しみにも向き合い、それらを自分の力で克服したいと望んでいます。世界を真なるもの、善なる行い、美しいことばで満たしたいと念じています。そのためにこそ生きてゆきたいと努力しています。

勿論、わたしたちは時に家族や友人、上司、恩師、知人の助けや助言を必要とすることがあります。事実、わたしたちは今まで周囲の人たちに支えられ、守られ、導かれて生きてきました。そして、これからも周囲の人の存在が大きな力となり助けとなってくれるでしょう。また、わたしたちは、わたしたち自身も他者を助け、他者の力となり、他者を支えたいと願っています。どんな人でも一人で生きてゆくことはできません。わたしたちはこの地上のすべてのものを、すべての人と分かち合い、共に生きているのです。

わたしたちが共に生きてゆくために、学ばなければならないことはたくさんあります。わたしたちは宇宙のこと、世界のこと、人間のこと、そして自分自身を知る必要があると考えています。また、今まで経験したすべてのこと、今経験しているすべてのこと、また、これから経験するであろうすべてのことの意味を理解することができたら、人生はもっともっと意味深いものになるだろうと、わたしたちは考えています。そして、この世に生まれてき、今ここにこうして生きている意味を知ることができるだろうとも考えています。この人たちを両親として選んで生まれてきた訳、今この人と居ることの意味、あの人と別れなければならなかった理由が分かるだろうと考えています。そしてなによりも、生きる目的を知り、使命を知り、それを成就《じょうじゅ》することができるだろうと考えたのでした。

ルドルフ・シュタイナーは、21歳以後も、わたしたちの人生は7年ごとにそれぞれの時期が持つ意味が異なると言います。また、それぞれの時期が、わたしたちに与える課題が異なるということを示唆《しさ》しています。それを、シュタイナーは「人生の7年周期」と呼んでいます。

この10ヶ月の間、わたしたちはシュタイナーの洞察によって示唆された、「人生の7年周期」について学んできました。

21歳から28歳までの間に、わたしたちは一人の人間としてはじめて社会に出ました。それは、自立した人間として、生きるための基本的な力を養う時でもありました。また、その時期には「わたしは世界をどう感じるか」と、常に自分に問い続けていました。

28歳から35歳まで、わたしたちにとっては「世界がわたしをどう感じるか」ということが大きな問題でした。またこの時期に、わたしたちはもっとも物質の世界に深く関わり、そのために「心の真夜中」「心の砂漠」を体験しました。それはまるで心が死んでしまったような体験でもありました。わたしたちの多くはその時、「死」と「再生」を体験したのです。

「死」と「再生」を体験したわたしたちは、その体験を基に、35歳から42歳までの間に、物質の世界から精神の世界に目を転じることができるようになりました。

そして、42歳から49歳までの間に、わたしたちはいよいよ精神的な生き方を始めました。……他者に帰依し、自分よりも他者を大切にする……生き方をしたいと願うようになったのです。「もしこの時、精神的な生き方を始めることができないと、人は生きることの意味を見い出せず、絶望してしまう」と、ルドルフ・シュタイナーは言っています。

49歳になると、わたしたちは身体の衰えを感じ始めました。この時期に、女の人は更年期障害に悩まされ、個人的な願いや欲望を捨てきれない人は、ますます生きる目的を見失う、とルドルフ・シュタイナーは言います。精神的な生き方を続けている人にとっては、「人生の完成」に向かって精進することができる時期でもあります。こうしてわたしたちは56歳を迎えました。

そして、今号では、「知恵の時期」と呼ばれる56歳から63歳、人生の第9期について学びます。

あなたは今、「人生のそれぞれの時期に、それぞれに与えられた課題を、わたしは果たすことができただろうか？」と考え込んでいるでしょうか？　もし、課題を果たしていなかったとしたら、わたしたちはどうしたらよいでしょう？　もう、取り返しがつかないのでしょうか？　再び生まれ変わってくる日を待つしかないのでしょうか？

いいえ、そんなことはありません。すべてを取り返すことができないとしても、わたしたちがそう望みさえすれば、今からでも「精神的に生きる」道を辿《たど》ることはできます。そして今から、１歩でも２歩でも、進むことができるのです。長い人生が約束されている今なら、尚更《なおさら》のことです。わたしたちは今からでも20年、30年の間、「精神的な生き方」を続けることができるのです。ですからどうぞ希望を失わず、最後までご一緒に学びましょう！

人生の完成の時まで

わたしは１９４５年４月６日に生まれました。もう２ヶ月すると56歳になります。実に長い年月を生きてきたものだと思います。普段は自分が生きてきた道を振り返る機会もあまりありません。けれど、ありがたいことに、皆さまとご一緒に学ぶ機会を与えられ、この１年間、生まれてからの来し方を振り返り、振り返りしながら過ごしてきました。56年近くも生きてくると、子供時代のことはすっかり現実感が失われ、「本当に今生《こんじょう》で体験したことなのかしら？」と心許《もと》なく感じることも多くありました。

紺色の地にピンクと水色の大きな水玉模様のおそ

ろいのワンピースを着て、妹と一心にままごと遊びをしていた夏の昼下がり……ブドウ棚の下に茣蓙（ござ）を敷き、その上で、一心不乱におしろい花を石で叩《たた》いてつぶして、美しい色水（いろみず）をつくっていた遠いあの日……。

堅苦しい校則とキリストの教えに縛《しば》られて（今、わたしはキリストが人類に示されたことを堅苦しいなどと決して考えてはいません。人類にとって、彼の存在の意味は実に大きなものであると確信しています）過ごすのはどうしても嫌だと言い張り、もう学校には行かないと決めた中学2年生の春の日……。

美しいこと、正しいこと、真なることを示す存在として、わたしの前に立つ先生がいないことに失望した日々。さらに病を得た高校生のわたし。療養所で暮らした日々。肺の切除手術。ひどい痛みの中にいた暗い意識の日々……。

日本でのすべてを振り切るようにして行ったアメリカの大学。まぶしいほどに自由だった！　あの輝くような日々……。20代のはじめのあっと言う間の時間でした。

家に戻るのが嫌で嫌でたまらず、急いでした結婚。無我夢中で子どもを育てた日々。それでもなお、自分の生きる道を見出したいと、もがいた葛藤《かっとう》の日々……。

あの時のわたし、あの時の思い、あの光景、あの人のことば、あの人の笑顔……あまりにも遠い日々は現実にあったこととは思えず、わたしはうつろな記憶をたどりながら、まるでたくさんの夢を反芻（はんすう）しているようでもありました。

そしてわたしは30代の半ばでルドルフ・シュタイナーに再会しました。導かれて、42歳の秋にルドルフ・シュタイナー・カレッジでシュタイナーの思想、人智学を学び始めました。不思議なことに、わたしは、それからの体験したすべてのことを鮮明に、そして現実味のあることとして思い出すことができるのです。

心から尊敬し、信頼し、愛する人……わたしにとってのルドルフ・シュタイナーを、どういう人であると言い表したらよいのでしょう？　飢え、乾き、まるで砂漠の中をさまよい歩いていた時に巡《めぐ》り会ったかのようなルドルフ・シュタイナー。彼はそれまでわたしが求めても求めても得ることのできなかった、真と美と善と愛と光と熱と……すべてのよきものを示してくれました。彼の洞察《どうさつ》によって示された世界と人間……「人智学」と呼ばれる「精神科学」は、わたしが生涯をかけて探し求めていたものでした。そしてまた、「人智学」はわたしに人生の目的を示してくれました。

ルドルフ・シュタイナー・カレッジで「精神科学」を学び始めたその時から、わたしは精神の世界へ続く道を歩み始めました。その上には、実に多くの課題が横たわっていました。自分自身を知るための数々の訓練、精神世界の認識を獲得するためのさまざまな修行、そして訓練して得た力をわたし自身と、すべての人の「精神の進化」のために用立てる仕事…。

わたしに用意されていた仕事は、ルドルフ・シュタイナー・カレッジで、日本の若者達のためのプログラムを創ることでした。彼らが宇宙のこと、世界のこと、人間のことを考える時間と場所をつくること。そして、彼らが、ルドルフ・シュタイナーの洞察による精神科学が示す世界観と人間観を学ぶ機会が得られるようにすること。学んだこと、体験したことが彼らの生きる力となるように促すこと。そして、彼らが彼ら自身の使命を見出すことができるように助けること……でした。

もう一度、生き直したいと切望して学んだ人智学。人智学を生きようと励んでいる人々と暮らしたルドルフ・シュタイナー・カレッジでの11年間は、わたしにとって至福《しふく》の時でした。ようやく見つけた人生の目的、「精神の進化を遂げること」を目指して生きた約束された日々でした。迷い、戸惑い、躊躇《ちゅうちょ》し、間違いをおかしながら、それでもなお、「精神の進化」を遂げようと努力しました。そして、同時に示されたわたしの使命とは、高い志を持って日本から来た若者たちに、わたしの在り方と生き方を通して、「人生の目的」を示すこと、そして、「人生の目的」を果たすために、彼らと共に生きることでした。わたしの人生の第7期はそのことを認識し、そのように生き始めることができた、実に意味深い年月だったのです。

そのプログラムにはもう一つの役割がありました。ヨーロッパで生まれた人智学が、西へ西へと伝えられた先がカリフォルニアでした。そして東へ東へと伝えられた先が日本であり、その人智学を完全に世界的なものにするためには、日本とカリフォルニアを結ぶ太平洋に橋を架《か》けることが必要だったのです。ルドルフ・シュタイナー・カレッジに日本人が学ぶ場所が用意されてから、実に多くの日本人がカレッジで学ぶ機会を与えられました。それによって、カリフォルニアの側からすべき基礎工事は終わり、今度は、日本からカリフォルニアに向かって橋を伸ばさなければなりません。「ひびきの村」から、その橋を伸ばすことができると、今、わたしは確信しています。

わたしの人生はいよいよ第8期に入りました。50歳を過ぎた頃、わたしはかつて体験したことのない感情を持つようになりました。それはこの世に対する哀惜《あいせき》の情でした。「わたしはもうすぐ、この世から去るのだ。この物質の世界に別れを告げるのだ」という思いでした。頬《ほほ》をなでる清々(すがすが)しい風を感じると、「ああ、こうしてこの身体で風を感じることも、もう僅《わず》かな間だけなのだ」と思いました。黄金(こがね)色に染め上げられた夕空を眺《なが》めては、「死んで身体が朽《く》ちてしまったら、こうしてこの美しい空を見ることもないのだ」と思いました。親しい人と手を取り合う時には、「こんなふうに、人の身体の温(ぬく)もりを感じることができるのも、あと少しの時間だけなのだなあ」と、強く思いました。人智学を学び始めてから、わたしは死ぬことを怖いと思う気持ちは殆《ほとん》どなくなっていましたのに……。それは、ある日前触れもなく襲ってきた、まったく馴染《なじ》みのない奇妙な感情でした。

その感情は、……50歳を過ぎたばかりのわたしでさえ、こんなふうに感じて心許《こころもと》ない思いをしているのだから、70歳、80歳のお年寄りはどんなに心細い思いをされているだろう……と、わたしの心にお年寄りを気遣う気持を湧《わ》かせてくれました。そして、その時はじめて、お歳を召した方々の心を思うことができるようになり、わたしは涙を流したのでした。

その頃から、更年期障害と呼ばれる数々のトラブルが、わたしの身体と心を襲い始めました。人生の第7期の後半は、身体の不調と向き合った日々でした。突然身体がカーッと熱くなり、真冬でも全身に汗が吹き出す「のぼせ」と呼ばれる現象。床に入ってもなかなか眠れず、眠りに落ちてはまたすぐに目が覚める不眠との戦い。以前にも増してひどくなった肩と背中の凝《こ》り。身体中の節々《ふしぶし》の痛み。

　わたしは以前にも増してこらえ性がなくなり、ささいなことに苛立《いらだ》ち、怒り、嘆《なげ》きました。それは聞きしにまさる試練の日々でした。その苦しみの中で生きてきて、今5年が経とうとしています。それももう峠を越えたように思えます。あとわずかな日々をやり過ごせば、わたしに静謐《せいひつ》な時が訪れようとしています。思えば、更年期障害とは、12歳の年に生理が始まったその日から、わたしが生命を預かる母として果たしてきた、重要な役割から解き放たれるための準備なのでした。約半世紀を費やして、母としての役割を果たし続け、わたしは今ようやくその役割から解放されようとしているのです。そして、この後《のち》は、性に制約されることなく、わたしには真に一人の人間として生きることが約束されているのです。

　もう間もなく、わたしは女という性から解き放たれます。これからは全（まった）き人間として、人生を完成させるためだけに生きることができるのです。生まれる時に精神界から携《たずさ》えてきた、地上でのわたしの真の使命を果たすことができるのです。わたしの身体はなお、さまざまな困難を抱えてはいますが、精神は力をいよいよ増したように感じられます。

　わたしの人生は、第8期に入り、7期で蒔《ま》かれた種が芽を出して、今確実に成長し始めているように見えます。ルドルフ・シュタイナー・カレッジで学ぶ日本の若者の中に、自らの使命を「日本で人智学共同体を創り、志を一にする人と共に精神の進化を遂げること」と悟った人たちが続々と生まれました。そして、わたしは彼らと共に、長い間の念願であった人智学を実践する共同体を、北海道伊達市で始めることができました。わたしたちはそれを「ひびきの村」と名づけました。

　シュタイナーが示したとおり、49歳から56歳までの第8期は、第7期で見出した課題を果たすために、わたしはさらに力を尽くす時期となりました。

人生の完成の時を迎えて

そして、いよいよわたしは56歳から63歳までの第9期を迎えようとしています。……この時期は、実に大きな、そして人生最後の転換期となる……とルドルフ・シュタイナーは言います。55歳の終わりには第3回目の月の周期を迎え、59歳には第2回目の土星の周期が、同時に第5回目の木星の周期が巡《めぐ》ってきます。つまり、月と土星と木星が、わたしが生まれたときに在った位置に戻るのです。

以前にも学びましたが、18年7ヶ月の時を経て、月は宇宙を巡《めぐ》ります。そして、そのたびに、月はわたしたちに人生の新しい局面を迎える転換期をもたらすのです。それはまた、人生の新しい可能性への衝動でもあるでしょう。

これまでわたしには、18歳7ヶ月に、37歳と2ヶ月の時に、そして3回目は55歳9ヶ月の時に、月の周期が巡ってきました。18歳の時、わたしは日本の大学には行かず、アメリカに行こうと決めました。37歳の時、長男の一郎が中学生2年生になりました。わたしはPTAの役員になり、広報部長を買って出ました。そして、広報紙を通じて、……父母と教師が対等の関係を持ちながら、子どもの教育を共に担う……という本来のPTAの在り方に変える努力をしました。

思えばこの時、……日本の教育を変えたい、変えなければという大きな衝動が、わたしの内ではじめて生まれたのでした。3回目の月の周期にあたる55歳と9ヶ月は、2001年の1月でした。サクラメントから日本に帰ってきてからは、毎日が激動の日々です。4月から「シュタイナー学校の教員養成のプログラム」を始めることを正式に決めたのは、この1月のことでした。「シュタイナーいずみの学校」の移転を決めたのも1月です。私的なことでは二人目の孫が生まれました。

人生の転換期を迎えても、人はその瞬間になかなか気が付かないものです。後になって振り返って見た時はじめて、「ああ、あれが転換期だったのね」と思うことが多いものです。3回目の月の周期に起きたことが、わたしの人生にどんな転換をもたらしたのか？……いずれ、それは明らかになるのでしょう。

さて、29年6ヶ月かかって一周する土星が、二廻《まわ》り目を終えるのは59歳の誕生日です。シュタイナー・カレッジの同僚の占星術によると……わたしの今生での本当の使命が明らかになり、それを果たすための仕事を始めるのは60歳……ということでした。

いったいわたしの本当の使命とは何なのでしょう？ 見当もつきません。ただ、わたしが50歳の時、彼はこう忠告もしてくれたのです。「その使命を果たすために、あなたはこれから4つの課題を果たさなければならない」と。……人の痛みを自分の痛みとすること。自分の理想をひとに押しつけないこと。精神の訓練を怠《おこた》らないこと。真剣に真理を学ぶこと……あの時与えられた四つの課題を、人生の第9期を迎える今、わたしは本気になって一日も怠らずに励まなければ、と考えています。あと5年の間……。

木星の周期が巡《めぐ》ってくる時もまた、人生の大転換機を迎えると言います。木星は12年ごとに周期を迎えますが、62歳には6回目の周期が巡ってきます。木星の周期には、人格の変化が現れるとも言います。12年という年月はまた、干支《えと》が一巡する年月でもありますね。果たしてわたしの人格は本当に12年ごとに変化しているでしょうか？ それとも、わたしはそのチャンスをみすみす逃してきたのでしょうか？

わたしは幼い頃から正義感が強い子どもでした。そして小学生になる頃には、すでに高い理想を持っていました。そして、それ以来その理想に相応《ふさわ》しい生き方をしようと努力してきました。それは同時に、他者に対しても理想的な在り方を求めるということでした。わたしは、わたしの理想に合わない生き方や在り方をしている人を疎（うと）み、嫌いました。ある時、わたしはそんな自分がとても貧しい者のように思えました。愛の薄い人間だと感じました。わたしは愛深い人になりたいと思いました。毎日毎日「愛深い人になりますように」と祈りました。人に深い愛を感じる人間になりたいと心底願いました。それは36歳の頃のことです。そして20年が経ち、わたしはこの頃ようやく、他者に心を寄せることが、少しだけできるようになったと感じています。

こういうことを、「人格が変わる」と言うのでしたら、思い当たることはあります。48歳の時、わたしはパートナーに、「あなたは調和の基になっていない」と静かに諭《さと》されたことがありました。わたしが責任を担っていたプログラムで学んでいた学生たちの間で、大きな諍（いさか）いが起きた時のことでした。学生たちの振る舞いにぶつぶつ愚痴《ぐち》をこぼすわたしに、彼が一言そう言ったのです。そのことばを聞いて、わたしははっと胸を突かれました。……そうなんだ、不調和を生み出しているのはわたしなんだ。わたしの言動がすべての不調和の基だったんだ……と、わたしは目が覚めたようにはっきり悟ったのでした。

その時から、わたしは愚痴《ぐち》や不平を言うまいと決心しました。批判したり非難することばを口にすることは止《よ》そうと決めました。それでもなお口にすることは今でもあります。けれど、以前と違うことは、……しないと決めたことをしている……、ということを、わたしは知っているということです。「どうしても言いたいの！　愚痴を言ってもいい？」と、断ってから話すこともあります。「ごめんね、黙っていられないの」と、謝りつつ話さないではいられない、ということもあります。勿論、断れば悪口を言ってもよい、謝れば愚痴をこぼしてもかまわない、ということでは決してありません。ただ、少なくとも……わたしは弱い人間なんだ……ということを、わたしはその度に強く自覚しています。次からは決して否定的な思いを抱かないように、否定的な言葉を話さないようにしようと、また心に決めるのです。その繰《く》り返しが、わたしの人格を僅（わず）かずつ変える力になっていると、わたしは確信しているのです。

皆さまも、木星の周期が巡ってくる12歳、24歳、36歳、48歳、50歳、62歳、74歳の頃、人格が変わるようなことがあったかどうか、思い出されてはいかがですか？

さて、人生の第9期に、わたしたちはどんなことを遂げることができるのでしょうか？……この時期に、わたしたちはもっとも深いレベルの直感（直感には3つのレベルがあり、第1のレベルはImaginationと呼ばれるもの、第2のレベルはInspirationと呼ばれるもの、第3のレベルはIntuitionと呼ばれるものです。わたしたちの精神が進化するに従って、高いレベルの直感を獲得することができると言われています）と、長い豊かな人生の経験から得られる智慧《ちえ》を他者に与えることができる……と、シュタイナーは言っています。また、……わたしたちの意識は、時間から空間へ移動することが可能になり、ひとが置かれた状況や、そのひとの人生そのものを見通すこともできるようになる……とも、言っているのです。

わたしたちはいよいよ、精神界へ戻る道を歩く時がきました。そしてまた、今わたしたちはその道を、わたしたちの後に来るひとたちのために示さなければなりません。それが使命であるならば、あなたは精神的な指導者になるのです。

身体の機能が衰えることを嘆く必要はありません。身体の力を失うことと引き換えに、わたしたちは精神の力を与えられるのです。耳が遠くなり、この世のさまざまな音が聞こえなくなる代わりに、精神界の存在たちの声が聞こえるようになるでしょう。視力が衰えたら、心の目が澄んできて、今まで見えなかったものが見えるようになるはずです。新陳代謝がにぶくなってきますから、若い時のようにたくさんの食物を必要としません。なんと素晴らしいことではありませんか！

こうして、わたしたちは徐々に、この物質の世界から遠ざかってゆくのです。けれど、この世で果たすべきことは、まだまだ残っているのですよ。そうです、わたしたちは、今まで歩んできた長い人生の収穫をするのです。いいえ、いいえ、今までのように難儀《なんぎ》なことはもうありませんから、心配しなくてもだいじょうぶ！　だって、あなたはずいぶん頑張ってこられたじゃありませんか！　あなたの人生という大木には、もうたくさんの実が成っているのですよ。

ともかく、人生の第9期である56歳から63歳の間に、あなたの人生には大きな変化が起きることでしょう。シュタイナー・カレッジで共に仕事をした、わたしの親しい同僚の多くの人が、この時期に大きな転機を迎えています。バイオグラフィーを教えていたリー・スタージェンデーは、新天地を求めてアリゾナの砂漠で始められた、人智学共同体に移って行きました。芸術治療を教えていたヤナベス・ローエルは古巣のロスアンジェルスに戻り、そこで新しいパートナーと出会って結婚しました。カレッジの仕事を止めてサンタ・クルーズで仕事をしていたローズマリーは、離婚して再びカレッジに戻って来ました。人智学の医療センターでマッサージ師として働いていたカーレン・モチは、突然オイリュトミー学校へ入学しました。サクラメントのシュタイナー学校で教えていたベティー・ステーリーが、カレッジに移ったのもこの時期でした。カレッジの創立者のひとりであるナンシー・ポアがネヴァダ山脈の麓《ふもと》に、広大な土地を購入して移っていきました。そして今、彼女は、若者が学び、働くための新しい共同体づくりを始めています。

この大きな転換期を果敢に生きている人は、日本にも勿論います！　岐阜市にお住まいの高橋義広さんから、先日こんなお便りをいただきました。

……わたしは3月4日で61歳になりましたが、今まで、人生はひまつぶしだと思っていました。大村祐子さんの通信講座に出会い、エクスサイズを実行することにより、わたしの人生は精神的に進化する目的があるのだと、80％ぐらい感じられるようになりました。残り少ない人生が、目的を持った充実した人生になる予感がしてきました！……

なんと素晴らしく、ありがたいことでしょう！　共に生きる人がいることの幸せを、心から感謝さずにはいられません。

人生の第9期を迎えようとする今、年老いてはじめて経験する至福もあることを、わたしは知りました。二人の孫を授かったことは、わたしの人生のなにものにも代え難いプレゼントだと感じています。彼らは一点の穢《けが》れもなく、一点の曇りもなく、一点のしみもない清らかな存在です。彼らはわたしの人生の中に、静謐《せいひつ》で、平和で、愛と調和に満たされて、光輝いている「聖域」とでも呼ぶべき場所を与えてくれました。わたしは今、全身全霊をもって彼らに奉仕し、献身できると感じています。わたしの心にそのような力を生み出してくれた彼らの存在を、わたしは、どれほど感謝していることでしょう！

以前にも書きましたように、わたしはこのルドルフ・シュタイナーの洞察による、「人生の7年周期」

を皆さまとご一緒に学ぶことを、わたしのライフ・ワークのひとつとして大切に考えています。ワークショップをするたびに、わたしは参加された皆さまの人生を分けていただきます。そして、分けていただいた皆さまの人生が、わたしの人生をますます豊かなものにしてくれます。

……生まれた時、あなたはどんな赤ん坊だったの？　健康でしたか？　それとも病気がちな赤ちゃんでしたか？　あなたの人生ではじめての思い出はなに？　好きだった食べ物は？「すべきこと」と「してはならないこと」を、あなたに教えてくれた人はだれですか？「わたしはわたし、わたしはわたし以外のだれでもない」って、感じたのはいつ？……こんな大切なことを話し合い、また聞き合います。そして、ワークショップが続いている間、夜眠る前に、わたしたちは慈《いつく》しみの心を持って仲間一人ひとりの顔を思い浮かべるのです。こうして、ワークショップが終わる頃には、仲間のみんなが大切なひとになっていることに気づきます。ですから、ワークショップを通じて、わたしには心の友が日本中のあちこちにいるのですよ。

こうして「人生の7年周期」を学ぶことによって、わたしの人生はますます意味深いものになりました。そしてわたしが生まれて来る前に決めていた、今生《こんじょう》で果たさなければならないわたしの使命を明らかにされました。すると不思議なことに、わたしは他者の人生にも、心からの共感を持つことができるようになったのです。それはなににも増して嬉しく、幸せなことでした。最上の恵みでした。

わたしに「人生の7年周期」を学ぶ機会を与えてくれたリー・スタージェンデーに、ここで心からの感謝を捧げます。……アリゾナの星は大きくて近くて、まるで手が届きそう……先月届いた手紙にそう書いてありました。彼女は今夜もデッキに出て、星空を眺《なが》めているでしょうか？　皆さまに向かって「人生の7年周期」の原稿を書いている時は、いつでもわたしの傍《かたわ》らに彼女がいました。「ねえ、これでいい？」「いいんじゃない」。「もっと適切な表現はないかしら？」「こう書き換えたらどう？」……彼女とこんな会話を交わしながら、書き続けてきました。もっと、もっと書きたいこと、書かなければならないことがあるような気がします。

若くして死ぬことの意味

生まれてから辿《たど》ってきた人生の道のりについて考える時、共に生きてきた……愛する人、大切な人、親しい人、また遠い人、愛することのできない人、疎《うと》ましい人……の存在に、わたしは思いを寄せずにはいられません。わたしのまわりで生きるさまざまな人の人生を考え、重ね合わせ、眺《なが》めずにはいられません。その中には健《すこ》やかな人もいます。病の床に就《つ》いている人もいます。怪我に泣いている人もいます。身体の不調を嘆《なげ》いている人もいます。そして、あたりを見回すと、精神の世界へ続く橋を渡った人も少なくありません。

多くの方々から、人生についてさまざまなご質問をいただきました。真摯《しんし》な思いに溢《あふ》れているご質問に、わたしは強く胸を打たれました。その中でも、生まれて2ヶ月の赤ちゃんをなくされたお母さんの、赤ちゃんへの哀惜《あいせき》の思いを伝えるお便りは、わたしの胸を突きました。お母さんは、人が若くして死ぬことの意味を知りたいと望まれていました。ここに、わたしが答えられる限りのことを書きます。

わたしの机の上に、若く、美しい女性の写真がひっそりと置かれています。彼女の名はハイディー・キャンブリン……5年前、17歳の誕生日を前にして亡くなりました。次郎が生まれてはじめて好きになった女の子、次郎を心から大切にしてくれた女の子です。14年前、母親とたった二人で見知らぬ遠い国へやって来た次郎に、ハイディーはこよなく優しく親切にしてくれました。ハイディーと次郎は4年間、サクラメントのシュタイナー学校の同じクラスで共に学び、たくさんのことを分かち合いました。

その後、ご両親の考えでハイディーは公立の学校へ転校しました。お互いに心の中で深く想っていましたが、成長した二人はだんだん会うことが少なくなりました。彼らは、「いつでも会えるから……」そう思っていたのです。

１９９６年の3月26日の夜でした。その日は朝から小雨が降り続いていました。電話が鳴りました。受話器を持つ次郎の顔が真っ白になりました。「嘘でしょう?そんなこと信じられない……」そう言ったまま、次郎は立ち尽くすばかりでした。ハイディーが事故に遭《あ》い、意識不明で病院に運ばれたという知らせでした。危篤《きとく》状態だと言います。

それから10日の後、意識が回復しないまま、ハイディーはだれにも「さよなら」を言わずに、逝《い》ってしまいました。

「変わり果てた姿を次郎には見せたくない。次郎には美しいままのハイディーを想っていてほしい」そう言って、ハイディーの両親は、次郎とハイディーを最後まで会わすことをしませんでした。「あなたには会ってほしいの」……そう言われて通された集中治療室の高いベッドに、ハイディーは静かに横たわっていました。髪がなくとも、顔が腫《は》れ上がっていても、身体のあらゆるところに針とチュウブが挿《さ》されていても、ハイディーはなお美しく、清らかでした。

「どんな姿になっても生きていて欲しい」「意識が戻らなくてもいいから、生かしておいて!」そう懇願《こんがん》し、泣いていたハイディーの両親は、一生でもっとも酷（むご）い決断をしなければなりませんでした。「意識が戻る可能性は99%ありません」と、医師から告げられた彼らは、迷い、考え、祈り……そして、司祭の助けを受けながら、ハイディーの身体に付けられていたすべての装置を取りはずす決意をしたのでした。

突然のハイディーの死は、彼女の周囲の人に大きな悲しみを与え、彼らを嘆《なげ》かせ、混乱させました。中でもハイディーを心から愛する大勢の若い友人は、彼女の死にどう向き合ってよいか分からず、打ちのめされていました。そして、次郎の深い嘆《なげ》きは、見る人の心を打たずにはいませんでした。

わたしは若い彼らがひどい悲しみの中に在っても、なおハイディーの死に向き合って欲しいと願いました。彼らを支えたいと思いました。そして、ハイディーの死の意味を、わたしも彼らと共に考え、見出したいと思いました。「人間の誕生と死」について、深い造詣（ぞうけい）を持っている、わたしの恩師であり、またシュタイナー・カレッジで共に仕事をしているナンシー・ポアが助けてくれました。４月

13日、その日はハイディーの17歳の誕生日でした。西に大きく開いた窓から、まだ明るい陽がさしこむ夕方、我が家の居間に、ナンシーを囲んで10人の若者が集まりました。ハイディーのために長い祈りが捧《ささ》げられました。

ナンシー・ポアが話したこと

あなたがたには、ハイディー・キャンブリンの突然の死は、なんとしてもが受け入れ難いことでしょう。悲しみと、怒りと、疑いに満ちたあなたがたの心が、わたしには痛いほど伝わってきますよ。彼女は実に気高い女性でした。彼女の口から悪意のあることばを聞いたことは、だれにもありませんでした。彼女はまるで天使のような存在でした。大勢の人がハイディーを、「わたしの天使」と呼んでいました。彼女はいつでも「人のために生きたい。人の役にたつ生き方をしたい」と心の底から言っていました。事故に遭《あ》った前日、ハイディーが日記に書いた文章が、葬儀の挨拶状に印刷されていましたね。皆さんも覚えているでしょう？

……わたしは恵まれた環境に生まれてきました。このうえなく優しい姉と、賢い弟と共に、愛深い両親に育てられ、経済的にも恵まれ、毎日多くの素晴らしい友人に囲まれて暮らしています。誰かに「何か欲しいものがある？」と聞かれても、答えようがありません。わたしにはこれ以上望むものはなにもありませんから……。わたしが望むことはただひとつ、世界中の人が幸せになること、それだけです。そのために今わたしにできることは、わたしに恵んでいただいたものを、恵みの少ない人たちに差し出すことです。わたしはわたしの一生を、貧しい人、弱い人、恵まれない人のために捧《ささ》げます。わたしがそのような生き方をすることができますように……。神様、どうぞわたしをそのようにお使い下さい……

と書かれていましたね。

若くして死んだ人は、精神の世界から、彼らの持つ大いなる力を、この地上に送ることができるのだそうです。彼らは、地上で十分生き、年を取ってから死ぬ人より、はるかに大きな力を持ったまま死ぬのですから……。その力をこの地上で生きるわたしたちのために、注ぐことができるのです。

人のために生きたい、人のために自分のすべてを捧《ささ》げたいと望んでいたハイディーは、自らそれを望んだのでしょう。彼女の持つ力を、精神の世界からこの地上に注ぎたかったに違いありません。わたしたちを守るために、そして、わたしたちが使命を遂げることができるように……彼女はわたしたちを支え、励まし、助けたかったのでしょう。

肉体を持ったままでは、限度があります。精神だけの存在になれば、肉体の束縛《そくばく》から解き放たれて自由に働くことができます。彼女はそれを選んだのです。そして、地上で生きているより、もっともっと力を発揮できる場所へ行こうと決めたのです。力を使い果たす前に、若いうちにそれを遂げようとしたのです。彼女の願いが遂げられるためには、「今」でなければなりませんでした。

さよなら、ハイディー

日本へ帰る日が近づいたある日の早朝、サンフランシスコから車を走らせ、次郎はハイディーのお墓に別れを告げに行きました。彼が墓地に着いた時、まだ門は閉じられていました。次郎は塀《へい》をよじ登り、いつものように一本の深紅のバラを手にして、丘の上のハイディーのお墓に向かって歩いて行きました。その時、丘の上に真っ白いドレスを着た、ほっそりした女の子の姿が見えました。次郎はハイディーが待っていてくれたのだと知って、嬉《うれ》しくて丘を一気に駆《か》け上《のぼ》りました。次郎がお墓に着いた時には、彼女の姿は消えていました。でも、木立からさし込む朝日の中で、次郎は心ゆくまでハイディーと話をしました。

始業式ではじめて顔を合わせた時のこと。お兄ちゃんの高校の卒業式に出席するために日本に帰り、サクラメントに戻ってきた時、「はるがきた」を日本語で歌ってくれたこと。ハイディーの誕生日パーティーで、生まれてはじめて女の子とダンスをしたこと。プールで水をかけっこしたこと。そして４年間、共に学んだ楽しい日々。ハイディーが事故に会う２週間前、チャリティー　パーティーで偶然出会い、抱き合って再会を喜び合ったこと……尽きぬ思い出を分かち合って、次郎はお墓のある丘をくだりました。塀《へい》をよじ登る前にもう一度振り返ると、白いドレスをまとった美しい女の子が、丘の上で見送っていたのでした。

若いハイディーの死は、人のために役立ちたいと願う本人の強い意思と、それを叶《かな》えることによって、ハイディーにより高い精神性を得させようと決めた、天の計《はか》らいだったのだと、わたしは強く確信しています。

わたしのまわりには、若くして亡くなった友人、そして友人の子どもたちがいます。彼らが亡くなった状況はそれぞれまったく違いますが、その意味はなお変わらず、彼ら自身の尊い意思と、それを是とする精神界の意思があったのだと、わたしには思えるのです。

いついかなる時にも、そして世界のどこにも、彼らの精神の力が働いていることを感じます。彼らの志に応《こた》えることは、わたしたちが「精神の進化」を遂げること以外にはありません。

ルドルフ・シュタイナーはまた、「彼ら自身がそのような死を必要としていたのである。短い人生を通してのみ体験できる人生を送ることが、彼らにとって必要なことだったのだ」とも言っています。

運命とは、自分自身が望み、選んだものなのだということを、わたしたちはしっかりと認識する必要があります。今、わたしが在《あ》る環境は、わたしが選んだのです。今わたしと共に暮らす人は、わたしが選びました。辛いこと、悲しいこと、苦しいこと……そのすべてはわたしがしたことによるものであり、それを望んだのはわたし自身なのです。また、喜ばしいこと、晴れがましいこと、嬉しいこと……それもまた、わたしがしたことの結果であり、わたしが望んだことなのです。わたしたちはそれを実現することができた恵みを感謝したらよいのです。

運命は認識を通して変えることができるということ。たとえ自分の過失ではない事故に遭《あ》っても、その時そこに居合わせたことは決して偶然ではなく、自分が選んだことなのだと考えること。そう考えることができたら、悲しみも、辛さも、苦しみも、少しは耐えることができるようになるでしょうか。

幼いお子さんを亡くされたご両親の心が、少しでも癒《いや》されますように……心から祈っています。

わたし自身を知るためのエクスサイズ(6)

調和された存在になるために

「正しい思考を行う」「意志を強める」「真の感情を得る」
「世界を肯定的に見る」「先入観をすてる」エクスサイズ。
さて6つめのエクスサイズとは？
もう一度、5つのエクスサイズをする意味を深く考え、
真に理解し、認識すること……なのです。

昨年の6月に、皆さまとご一緒に、自分を知るための作業を始めました。それを①正しい思考を行うためのエクスサイズ、②意志を強めるためのエクスサイズ、③真の感情を得るためのエクスサイズ、④世界を肯定的に観るためのエクスサイズ、⑤先入観を排除するエクスサイズ……を通して実践してきました。いかがでしたか？　わたしの机の上には、皆さまからのいろいろなご意見が届いています。

「わたしにとっては、意志のエクスサイズがいちばん難しいものでした。昨日も忘れた、今日も忘れた……と思っているうちに、忘れたこともすっかり忘れてしまって、2週間くらい経ってから、突然思い出して、また一から出直し……なんていうことを何度も何度も繰り返しています」

「…『する』と決めなければ『忘れる』こともできない…ということに納得して、とにかく『する』と決めました」

「これでいいのかな？と半信半疑でしています。特に、思考のエクスサイズが難しくて…」

「『世界を肯定的に観る』エクスサイズを始めてか

ら、世の中が明るく見えてきました。なるほど、こういうことなのか、と感心しています」

熱心に続けていらっしゃる方、忘れがちながらも頑張っていらっしゃる方、続けたいと願いながら、思うようにできない方、忘れても忘れてもめげずに続ける努力をなさっている方、難しくて嫌になってしまわれた方……。

わたしたちはそれぞれ違う存在であり、違う生き方をしているのですから、エクスサイズに対しての考え方も、感じ方も、取り組み方も、違うのは当然のことですね。できる方はどうぞ自信を持って続けて下さい。続けていらっしゃることに、心からの敬意を払います。すごいことですね！

続けられずに止《や》めてしまわれた方…こういうエクスサイズがあることを知っただけでも、そして少しでもしてみる機会があっただけでもいいじゃありませんか！「いつかしたい、しよう」と心に強く決めていたら、必ずその時が訪れます。

他に心を占めること、他にしなければならないことがあって、エクスサイズに打ち込めない方……どうぞ、今あなたの目の前にある課題を果してください。エクスサイズをすることが、あなたにとって必要なことであるなら、必ずできる時が来ますよ。

関心が持てない方、理解できない方、このエクスサイズを変だわ、と思う方……皆さまには、これとは異なるエクスサイズが用意されているのかもしれませんね。

さて、今月は6つのうちの最後のエクスサイズを学びます。

とは言っても、新しいエクスサイズを学ぶのではありません。今まで続けてきたことを、自分の内で調和のとれたものにするのです。それが6つ目のエクスサイズです。それはどういう意味なのでしょうか？　どんなふうにすればいいのでしょうか？……ご一緒に考えましょう。

皆さまは、今まで学んだ5つのエクスサイズを、どのようになさっていますか？　これまでは、2ヶ月に一度、新しいエクスサイズを学んできましたね。2ヶ月は同じものを続け、新しいブックレットが届いて別のエクスサイズを学んだら、次の2ヶ月はそれをする……というやり方でしたでしょうか？　あるいは、思い出した時に、その月のエクスサイズをなさったのでしょうか？　あるいは、気の向くまま、やり易いものを時たま……だったのでしょうか？　いずれにしても、これからどうしたらよいか……考えるために、今はちょうど良い機会ですね。

そんな形ででも、この5つのエクスサイズをなさった方は、気が付かれることがあったと思いますが、いかがでしたか？　どんなことに気が付かれましたか？

そうですね、やり易いと感じられるエクスサイズと、どうもむずかしくて…と感じられたものがあったでしょう？　それは、わたしたち一人ひとりが、それぞれ違う性向を持っているからなのです。思考が得意な人、考えることは苦手だという人、意志の強い人、決めることが不得意な人、決して感情を表に出さない人、感情に流されやすい人、すぐ判断をくだす人、どんなことに対しても開かれた気持を持っている人、公平な人、思いこみが激しい人……人はさまざまな在り方をしていますが、あなたはどんな性向を持っているでしょうか？

わたしは考えることが好きです。「いつもいつも、よくそんなに考えていられるねえー」と、パートナーに感心されています。意志も強い方です。すぐ決めます。そして、決めたことはすぐ実行します。でも、期限を決められてすることや毎日コツコツと続けなければならないことは苦手です。ですから、本当の意味で意志が強いのかどうか分かりません。わたしはとても怒りっぽくて、すぐに感情を表します。そして感情に流されます。いつも穏やかな人や感情を表に出さない人を見ると、わたしは心から感嘆してしまいます。わたしにはできません。うんと努力してできる時もありますが、とてもむずかしいことです。それから……すぐ判断をくだします。わたしは啓《ひら》かれた心を持っています。先入観に囚《とら》われることはあまりありません。公平…だと思います。何に対しても強い思いこみはありません。

さて、こんなわたしがエクスサイズをするとどうなるでしょう？

思考のエクスサイズ……めんどうだなあ、と思います。よいしょよいしょと自分を励まし、励まし、やっとできます。シュタイナー・カレッジで学生たちと毎日一緒にインナーワークをしていた時には、楽しかったし、それほどむずかしいとは感じませんでしたのに……。

意志のエクスサイズ……わたしにとって、いちばんむずかしいエクスサイズです。いつもいつも忘れます。これもみんなと一緒にしていた時には、あまり苦労せずにできました。強い意志を持っているようには見えない人が、忘れずによくできて、羨《うらや》ましいと思うことがあります。「どうして？」と不思議です。本人も「分からない」と言っています……。

感情のエクスサイズ……できます。わたしにとって、どうしても必要なエクスサイズだと考えているからでしょうか？

世界を肯定的に見る……このエクスサイズは得意です。というより、する必要がないのじゃないかしら？　と思うほど、いつも、どんな時にも、どんなことに対しても、わたしは肯定的に見ることができます。「祐子さんはノーテンキ」だと、みんなが言います。「人を見る目がない」と忠告されもします。それもこれも、わたしが「世界を、人を肯定的に見る」ことができるためだと思うのですが……。

先入観をすてる……これも、だいじょうぶ！　わたしの性向も助けてくれはしましたが、これは、ずいぶん訓練しました。特に、シュタイナー学校の教師として働く時には、どうしても必要な態度なのです。そして、常に公平であろうと努力しています。わたし自身の強い思いこみに悩まされることはありません。

さて、わたしは「思考する人」だと、自他共に認めています。でも、思考のエクスサイズは苦手です。と言うより、面倒なのです。「強い意志を持っている」と、わたしも人も思いこんでいますが、意志のエクスサイズはなかなかできません。「感情をすぐに表す」「感情に溺《おぼ》れる」「感情が激しい」……と自分も思い、人にもそう思われていますが、感情のエクスサイズは予想していたより、容易（たやす）くできます。

こんなわたしの有様を知って、皆さまは、重大なことに気がつかれたと思います。いかがですか？　以前にも書いたことがありますが、このエクスサイズが目指している「思考」「意志」「感情」とは、通常、わたしたちが考えている「思考」「意志」「感情」とは違うものなのです。気が付かれましたか？

わたしが、「わたしは考えている」と思っていることは、物事についてあれこれ思い迷い、惑っているだけなのです。それは真の「思考」とは違います。ここで目指している「思考」とは真理や法則を認識することなのです。意志も、「あなたは意志の人ね」などと言う時の「意志」とはどうも違うようです。ここで言う「意志」とは、通常働いている意志の外で働いている「意志」のことのようですね。感情も、「悲しい」「おもしろい」「辛い」「楽しい」「寂しい」と感じている、わたしの個人的な感情ではないのです。このエクスサイズが目指しているものは、「世界の感情」「真の感情」と呼ばれているものなのですね。

このエクスサイズをすることによって、わたしたちはこのような「思考」と「意志」と「感情」を、獲得しようとしたのでした。

もう一度繰り返しますが真の「思考」とは、わたしたちが物事に対して、あれこれと思いを巡《めぐ》らすものではありません。真の「思考」とは、その物をそのまま認識すること、あるがままのその人を認識すること、出来事そのものを認識することです。そして、それぞれの間に存在する関係や、法則を認識することです。わたしが、「ああでもない」「こうでもない」「ああかしら？」「こうかしら？」と、千々《ちぢ》に思い巡《めぐ》らす、思いあぐねることとは、まったく違います。

わたしたちが真の「思考」をすることができたなら、すべての人の前にいつでも世界の真の姿が顕《あらわ》れるでしょう。わたしたちが真の「思考」を獲得することができたら、世界に対するすべての人の認識に違いは生まれず、わたしたちは「違い」によって争うことがなくなるでしょう。

「思考」について、もう一つ理解しておかなければならないことがあります。「わたしはこうしたい、と思うの」、「あなたはそれを欲しくはないのね」と言う時、わたしたちは「考えている」つもりですが、それは「思考」ではなく、「感情」の領域だとシュタイナーは言うのです。「したい」「したくない」は、考えた末の結論ではなく、それは、わたしたちの欲望、すなわち「感情」であると言うのです。

わたしたちが「思考」活動だと考えていることの中には、「感情」の領域に入るものが実に多いのです。

前号にも書きましたが、この地球期になって、ようやく人間に「自我」が具《そな》えられました。ですから、わたしたちの「自我」は、まだまだ未完成なのです。そして「感情」に支配されることが多くあります。ですから、わたしたちが「思考」だと思っているものが、「感情」だった、ということが起きるのです。わたしたちの課題である、…「自我」を確立する…ためには、真の「思考」を獲得する必要があります。わたしたちが真の「思考」をすることができるようになるその時にこそ、わたしたちの「自我」は他者を愛し、自分自身より他者を大切にすることができ、そして、他者に帰依することを決意することができるのです。そうしてわたしたちは、「精神の進化」を遂げることができるのですね。真の「思考」とはそういうものです。ことばを変えれば、「精神の進化」は、わたしたちが「真の思考」をすることができるかどうか、にかかっていると言えます。

次に、「意志」について考えましょう。

…「意志」が強い人だ…とわたし自身も、まわりにいる殆《ほと》どの人が認めているのに、わたしはなぜ「意志」のエクスサイズをすることができないのでしょう？

それは、「真の思考」が、そうであったように、エクスサイズをすることによって獲得できる「意志」の力も、わたしたちが通常考えている「意志」とは違うものであるということを示しているのではないでしょうか？「真の思考」と同じように、「真の意志」というものもあるのではないでしょうか？　そして、わたしたちはその「真の意志」を獲得するように、促されているのではでしょうか？

では、「真の意志」とは、どんなものなのでしょう？　皆さまは、……わたし、本当はそんなことしたくないんだけど、どうしてもしなきゃいけないんだわ……と誰かに強く促されていたように感じたことはありませんか？……わたしとっては、格別の意味はないんだけど、でもわたしがするように求められているんだわ……と、強く思ったことはありませんか?……どうしてわたしがこんなことをする羽目に陥《おちい》るのかしら?……と訝《いぶか》しく思ったこともあるでしょう?

皆さまご自身が「これがわたしの意志」と考えていることとは、する「意志」…、苦しくても、避《さ》けたくても、わたしたちにすべきことをさせようとする「意志」、躊躇《ちゅうちょ》するわたしたちを鼓舞《こぶ》して、真なること、正しいこと、善なることをさせようとする「意志」……そんな「意志」に促され、衝《つ》き動かされた経験をお持ちではありませんか?　その「意志」こそが「宇宙の意志」つまり、「真の意志」なのです。

それは、わたしたちが「これをしよう」「これはしたくない」「あれはなんとしてもしなければ…」と考える、通常の「意志」とは違います。ですから、「意志」の強い人、と言われるわたしにとって、「意志」のエクスサイズをすることはむずかしいのです。なぜなら通常の「意志」が強ければ強いほど、「真の意志」を感じ取ることができにくくなるからなのです。わたしは通常のいわゆる自分の「意志」が強いばかりに、「真の意志」が望んでいることを聞き取ることができないのです。ですから、「意志」が強いと思われる人ほど、この「意志」のエクスサイズを必要としているのですね。わたしの大きな課題です。エクスサイズを続けて、一日も早く「真の意志」を獲得し、「真の意志」に従って働き、そして、世の中に必要とされていることを成し遂げたいと、今、わたしは切望しています。

「感情」についても、もう、皆さまは十分お分かりですね?　そうです。エクスサイズを通して、わたしたちが獲得しようとしている「感情」とは、わたし個人の感情ではありません。「真の感情」「世界の感情」なのです。「真の感情」とは、わたしだけの歓び、わたし個人の悲しみ、わたしの心の奥底にある嫉妬《しっと》心《しん》……そういうものではありません。だれもが同じように感じる心、つまり、世界の歓び、世界の悲しみ、世界の憤り、世界の誇りなのです。わたしの個人的な事情を越え、あなたの個人的な感情を越えて、彼の、彼女の願いや望みの彼方《かなた》にある「世界の感情」を、わたしたちは獲得しなければなりません。

わたしたちみんなが、「世界の怒り」を感じることができたら、世の中で行われている不正は姿を消すでしょう。地球上に暮らすすべての人が「世界の慈《いつく》しみ」を感じるようになったら、飢えと乾きと病に苦しむ子どもたちの姿を見ることがなくなるに違いありません。「世界の感情」は、わたしたちに「他者に帰依する」ことを示してくれるでしょう。そして、わたしたちはわたしたちの生きる目的である「精神の進化」を遂げることができるでしょう。

どうしたら、わたしたちは「世界の感情」を感じることができるのでしょうか？　わたしの個人的な怒りに身を任せたり、わたしだけの悲嘆《ひたん》にくれたり、落胆に身を沈めることなく、「世界の感情」を感じることが、どうしたらできるでしょうか？

そうですね、「世界の感情」を獲得するためにこそ、わたしたちはシュタイナーが示す「感情」のエクスサイズをするのですね。「感情に」翻弄《ほんろう》されることがないように、「感情」に支配されることがなくなるように、いつも穏《おだ》やかでいられるように、「感情」に捉《とら》えられて「感情」をあらわにしなくなるように……そのために、このエクスサイズをするのではありません。

「感情」のエクスサイズを続けていたら、あるいはいつかはそうなるかもしれません。「感情」の起伏の激しさが消えるかもしれません。「感情」をコントロールすることが、以前よりは容易（たやす）くできるようになるかもしれません。わたしたちは慌《あわ》てず騒がず、いつも静かに落ち着いていられるようになるかもしれません。いえ、きっと、そうなるでしょう。けれど、わたしたちの目的はそうなることではありません。結果としてそうなるかもしれませんが、それがエクスサイズをする目的ではありません。「感情的」でない、良い人、素晴らしい人になることを目指すのではなく、「真の感情」「世界の感情」を獲得するためにこそ、わたしたちはこのエクスサイズをするのです。

6つのエクスサイズの4番目は、「世界を肯定的に見る」ことでした。このエクスサイズをなさって、皆さまはどんなことがお分かりになりましたか？　あなたの目に、世界は以前と違うように見え始めましたか？　あなたご自身の在り方が変わりましたか？

「本当に変わったのよ。以前は目的もなく、毎日なんとなく生きていたのに、このエクスサイズを始めてから、なんだか生きることが楽しく感じられるようになったの」とおっしゃるあなたの瞳が生き生きと輝いて見えますよ。「物事を見る時も、人と関わる時にも、なるべく良いところを見ようと努力していたら、世界のすべてのことが大切に思えてきてね……人にも愛を感じるようになったわ」と書かれたお手紙もいただきました。

わたしたちが「世界を肯定的に見る」ようになると、元気になるのはわたしたち自身だけではありません。あなたの「肯定的な視線」を受けた物事は、その本質を顕《あらわ》すようになります。わたしたちが「肯定的な態度」で関わった人は、その人自身を、つまり本質を生きられるようになるのです。「世界を肯定的に見る」ことによって、わたしたちは生き生きと生きられるようになり、わたしたちはいつでも安らかで清々《すがすが》しく、幸せな気持で暮らすことができるでしょう。

それも素晴らしい成果です。でも、あなたはご存じですね、それがエクスサイズをする目的ではないことを……。わたしたちは、わたしたち自身が幸せになるために、安定して暮らすことができるようにと願って、このエクスサイズを続けてきたのではありませんね。結果としてそうなったかもしれません。それは大変ありがたいことです。

わたしたちは、わたしたちが「世界を肯定的に見る」ことによって、「見られた」物事が、その本質を顕《あらわ》すことを目的としました。わたしが友人のことばを肯定的に聞くことによって、彼女の本質が顕《あらわ》れ、彼女は本質を生きることができました。子どもがしたことを、わたしが肯定的に見たことによって、子どもの素晴らしい本質が引き出されました。物事の本質を見ることによって、わたし自身の本質も触発され、顕れてきました。また、他者・人の本質に触れたことによって、わたしの本質が引き出されました。つまり、わたしが「世界を肯定的に見る」ことによって、世界の本質が顕れ、その本質に触れたわたし自身の本質も顕れたのです。

こうして、わたしが物事の本質を見たことによって、世界は本質的な在り方をすることができ、わたしが他者の本質に触れたことによって、その人は本質的な生き方をすることができるようになるのです。わたしたちは、そのためにこそ、「世界を肯定的に見る」エクスサイズを続けてきたのですね。

5番目にわたしたちがしたエクスサイズは、「先入観をすてて世界と向き合う」ことでした。「先入観をすてて世界と向き合う」ということは、世界に存在するあらゆる物自身を理解し、認識するということです。「先入観をすてて人と向き合う」ということは、わたしたちが出会うあらゆる人自身を理解し、その人自身を認識するということです。つまり、物事のありのままを認識し、その人の在るがままを認識するということなのです。「先入観をすてて世界に向き合う」ということは、在るがままの世界を認識するということなのですね。それこそが、世界の本質を認識するということなのです。

こうして、わたしたちは、5つのエクスサイズをすることによって、わたし個人の「思考」や、わたし個人の「意志」、わたし個人の「感情」を乗り越えて、世界の「思考」と「意志」と「感情」を獲得する道を歩み始めたのでした。そして、「世界を肯定的に見る」「先入観をすてて世界と向き合う」エクスサイズによって、わたしたちは世界の本質に出会い、世界のエクスサイズを続けることによって本質を認識し、それによってわたしたち自身の本質が顕れるようになりました。つまり、わたしたちは本質的な生き方ができるようになったのです。

本質とは、この物質の世界をかく在《あ》らしめている目に見えない力、耳に届かない力、手にも触れない力、つまり、精神の力のことを言います。ですから、本質的な生き方とは、物質の力に依《よ》る生き方ではなく、精神の力に依る生き方のことなのです。わたしたちは、シュタイナーが示したこのエクスサイズをすることによって、こうして精神の力に依って生きる道を歩み始めました。そしてはじめて、わたしたちは真に、わたしたちの人生の目標である「精神の進化」を目指すことができるようになったのです。

エクスサイズをする目的は、他でもない、わたしたちが精神的に生きることができるようにするためでした。そして、「精神の進化」を遂げることを可能にするためでした。

さて、5つのエクスサイズを学び、どのようなかたちであろうと、実践された皆さまがなさる6つ目のエクスサイズとは、もう一度、5つのエクスサイズをする意味を深く考え、真に理解し、認識することなのです。そして、ご自分でこのエクスサイズを「続ける」、または「続けない」と決めることなのです。

「続ける」と決めた方は、ご自分に必要と思われるエクスサイズを続けてください。理想は、毎日5つのエクスサイズをすることです。けれど、それがむずかしいようでしたら、一日に一つずつ、一カ月間丁寧《ていねい》に時間をかけてされたら良いと思いますよ。あるいは、午前中に「感情」のエクスサイズ、午後は「意志」の、そして夜寝る前に「思考」のエクスサイズ…あるいは、今年の前半は「世界を肯定的に見る」エクスサイズをし、後半は「先入観を捨てる」エクスサイズをする等々…。さまざまなやり方があります。どうぞ、ご自分で考えたご自分に合った方法で続けてください。

この1年間、皆さまとご一緒に、このエクスサイズを続けることができたことを、心から感謝いたします。怠惰《たいだ》なわたしは、こんなことでもなければ、なかなか一人ではできませんでした。皆さまから寄せられたたくさんのお便りの中には、エクスサイズについて書かれたものがたくさんありました。「やり方がよく分からない」「一人で続けるのはむずかしい」「すぐに忘れてしまう」……さまざまな考え、感想を読ませていただいた「ひびきの村」のスタッフは、皆さまの真摯《しんし》な取り組みに、心を打たれたようでした。そして、「わたしたちも心を入れかえて、また始めなければ！」と言っています。中にはNAA（自然と芸術と人智学を学ぶプログラム）の「インナーワーク」や「ゲーテの自然観察」の授業に出始めた者もいます。あるいは一人密《ひそ》かにエクスサイズを始めた者もいるようです。そしてこれまで続けていた者も、気合いを入れ直したようです。

皆さまとご一緒に学ぶことができて、わたしたちは本当に幸せでした。心からお礼を申し上げます。

この6つのエクスサイズは「精神の進化」を遂げるための、ほんの初歩のものです。ルドルフ・シュタイナーは、この他にもたくさんの訓練や修行の方法を残していってくれました。その殆どは、「いかにして超感覚世界の認識を獲得するか」（高橋巖訳・イザラ書房発行）に書かれています。それは、この先に続く道を歩もうと志す皆さまにとって、大きな力になるはずのものです。是非、お読みください。そして、一つずつ、確実に実践なさってくださいね。

巻頭にも書きましたが、わたしは長い間考え、葛《かっ》藤《とう》した末に、２００１年秋から、第3期の講座を始めることに決めました。その大きな理由の一つは、「精神の進化」を遂げるためのエクスサイズを、皆さまとご一緒に続けたい、という思いでした。春、夏の2シーズンをゆっくり過ごされた後、「またしてみようかしら……」とお思いになりましたら、どうぞ、ご一緒に始めましょう。

2001年4月9日「ひびきの村」の事務所にて

治癒教育とは

「順序を覚える」ために

**順序の感覚が育ってないと思われる子どもに
3〜7歳…ビーズとボタンを使ったエクスサイズ
7歳以上…カレンダー、五十音、数を使った
エクスサイズを…。**

「ものには順序というものがあります!」……母の口癖《くちぐせ》でした。子どもの頃、わたしがどんなことをした時にそう言われたのか、今は覚えていません。一生懸命記憶の糸を手繰(てさぐ)ったのですが、具体的な場面はなにも思い浮かばないのです。ただ、ぴちっと合わされた真っ白い半襟《はんえり》と(わたしが子どもの頃、母はいつも和服を着ていました)、居ずまいを正した母の様子が目に浮かび、そして、凛《りん》とした母の声が聞こえてくるのです。

大人になってからのことは覚えています。わたしが夫と出会って交際を始めた頃、わたしの両親に正式に挨拶に来ない彼の態度を、母はとても不愉快に感じているようでした。「ものには順序があります!」と……。つき合いを始める前にも親にしかるべき挨拶がなければならない、と母は主張していたのでした。そして、世の中のありとあらゆる混乱や無秩序も、順序をわきまえない者がいるために起きるのだ、と嘆《なげ》いていましたっけ。

こんなふうですから、孫の一郎が結婚するにあたって、彼が順序を踏《ふ》んだ振る舞いをしたことを

母はとても喜んでいました。まず、一郎はわたしの両親の家にパートナーを連れて行き、交際していることを報告しました。婚約した後は婚約した旨《むね》を報告に行きました。そして、結婚式を挙げ、子どもが生まれた時もすぐに報告し……わたしが見ていても感心するほど、彼は順序を踏《ふ》んで、すべてを進めていたようです。それは、母をことのほか喜ばせたのでした。

反対に母の考えに沿うようにことを運ばなかった次郎と、母は、未(いま)だにしっくりしないようです。サンフランシスコの大学で勉強している時から、次郎はパートナーと一緒に暮らしていました。それを、日本のおじいちゃんとおばあちゃんには話していませんでした。日本に帰って来た時、おじいちゃんとおばあちゃんに、翠《みどり》ちゃんをガールフレンドとして紹介しました。それから次郎と翠ちゃんは「ひびきの村」に来て一緒に暮らし始めました。そのことを彼はわたしの両親に話す機会はなかったようです。わたしの両親は、彼が大学を途中で止めたことをとても悲しく、また不愉快に感じているようでした。「だから、その上結婚するとは言えなかったんだ」と、次郎は言っていました。翠ちゃんが妊娠し、彼らは予定していた結婚式を取りやめて入籍だけを済ませました。そして、子どもが生まれました。

母に言わせれば、すべてが順序を踏まずに進められたのでした。母の怒りや悲しみを、わたしは共有することはできませんが、理解はできます。

そんな母の考え方や感じ方を、「困ったなあ」と思いながらも、わたしの内にも「順序」を重んじる心があります。

物事を進める時、順序を踏むとスムースに進みます。「シュタイナーいずみの学校」の子どもたちは、英語を学んでいますが、いきなり複雑な詩や文章を教えることはできません。英語の勉強はアルファベットから始めます(絵や音や動きを通して学びます)。「ひびきの村」で行われている大人のための「自然と芸術と人智学を学ぶ」プログラムの授業を組む時にも、「順序よくしよう」と考えます。つまり、ルドルフ・シュタイナーの世界観と人間観を、基本からを勉強できるようにと考えます。人智学(シュタイナーの洞察による精神科学）を学ぶ時、いきなり医学やバイオダイナミック農業から始めるわけにはいきません。基本になる精神科学の考え方を学ばなくては、理解することができないでしょう。「ひびきの村」の仕事も順序を踏まずに進めると、混乱が起きます。このように、順序に従って仕事を進めないと、多くの場合は「混乱」や間違いが起きます。

「混乱」はわたしたちの心に不安を呼び起こします。「混乱」した心を持ったままでは、物事をありのまま見ることができにくくなります。また、「混乱」は怒りを生み出します。間違いを、恐れを、嘆きを、疑いを招きます。こうして多くの不調和は、「順序」を取り違えたり、「順序」を無視することによって引き起こされるのです。

すべての植物の生長と成長には「順序」があります。動物が成長する時にも「順序」があります。勿論、わたしたち人間が成長する時にも「順序」があります。今、子どもたちが大きな困難の中に在るのは、子どもたちが成長するための「順序」を、わたしたち大人が無視しているからなのです。身体が成長する時に「思考」させたり、「感情」が成長する時に運動ばかりさせて身体の成長を促したり……わたしたちは、子どもたちが成長する過程の中にある「順序」を大切にせず「順序」を無視して、わたしたちの望みだけを押しつけているからなのです。

このように、どんな場合にも「順序」を知ること、「順序」を考慮すること、「順序」を守ることは、人間としてとても大切なことなのですね。

では、わたしたちは「順序」の感覚を、いつ、どのようにして獲得するのでしょうか？　そうですね、生まれたその瞬間からですね。この世に生まれ、呼吸を始めたその瞬間から、わたしたちの内で、「順序」の感覚が育ち始めるのです。周囲の大人に「順序」よく扱われ、「順序」に従って必要なことをしてもらいながら、わたしたちは「順序」の感覚を獲得するのです。

おっぱいを飲む、眠る、排泄《はいせつ》する（オムツを換えてもらう）、お風呂に入れてもらう……赤ちゃんの生活は、この四つのことに明け暮れています。見ていると、世話をしているお母さんやお父さんは、この四つのことを順序よくしています。

おっぱいを飲ませる前に、オムツを取り替えます。気分良くおっぱいを飲むためです。おっぱいを飲ませた後に、またオムツを取り替えます。気持ちよく眠るためです。つまり……オムツを取り替える、おっぱいを飲む、オムツを取り替える、眠る……という「順序」です。

成長するに従って……日光浴をする、散歩をする、離乳食を食べる、遊ぶ……という具合に、赤ちゃんができることが少しずつ増えてゆきますね。離乳食が始まると、おっぱいを飲ませる前に離乳食を食べさせます。その日のお母さんの気分によっておっぱいが先になったり後になると、赤ちゃんは混乱してしまい、離乳食も食べなくなるでしょうし、きっとおっぱいも飲まなくなるでしょう。

日光浴をした後は、赤ちゃんの身体は適度に疲れ、また喉《のど》が乾きます。水を飲ませて、お昼寝ですね。この「順序」が逆だったらどうでしょうか?　喉が乾いていないのに、むりやり水を飲まされ、疲れていないのに昼寝をさせられたら、赤ちゃんは混乱します。

いつも同じ時間に、「順序」に従って生活していたら、赤ちゃんは安心し、安定し、健康で、幸せです。環境のままに育つ赤ちゃんの生活こそ、もっとも「順序」を大事にしなければなりません。

わたしたち大人は物事が「順序」どおりに運ばない時でも、思考の働きによって、それを理解することができます。「順序」どおりにできないその理由や状況を、思考し、その思考の力によって身体を納得させることができます。（できないこともあります）幼い子どもは思考する力がありません。ですから、環境が直接身体に影響を与えるのです。わたしたちは生まれたその瞬間から、赤ちゃんを世話する「順序」をよーく考え、その影響を認識する必要があります。

さまざまな「順序」

人間はさまざまな能力を持っています。話す力、食べる力、運動する力、数を数える力……その中でも、「順序」を理解し、順序をつくる、順序を守る能力はとても大事な能力です。

……訓練を受けたチンパンジーが、コインを使って自動販売機で飲み物を買えるようになった…というニュースを、最近耳にしました。自動販売機で飲み物を買うためには、「順序」があります。それを覚えなくては、欲しい飲み物を手に入れることはできません。そのチンパンジーは、訓練の末、その「順序」を覚えたのですね。わたしは「順序」を覚えることができるのは、人間だけだと考えていましたが、類人猿も訓練を受けるとできるものなのでしょうか。

チンパンジーの他にも、「順序」に従って行動する動物がいます。けれど、彼らが「順序」に従う能力は本能に依《よ》るものなのです。たとえば、わたしたち人間は、「順序」を守ることができますが、思考して「順序」を覆（くつがえ）すこともできます。意志の力によって「順序」を乱すこともできます。動物にはできません。動物は本能の力に依って「順序」を守ることはできますが、意志の力によって「順序」を乱すことはできないのです。

さて、人間は「順序」をつくり出すこともできます。「数」「五十音」「アルファベット」……みんな人間がつくり出した「順序」です……なんて素晴らしいことなのでしょう！　人間がつくり出した「順序」はまた、わたしたちが守らなければならない「約束事」でもあります。

「順序」の感覚が養われないと、わたしたちは「数」を覚えることができません。数字の持つ意味を理解し、数字を覚え、計算をするためにも、「順序」の感覚が必要です。また、文字を覚えるためにも、文章を読み、書くためにも、「順序」の感覚が必要とされます。「順序」の感覚がなければ思考することもできません。わたしたちが慌《あわ》てふためいて、人に物事を伝えようとする時、「落ち着いて、順序よく話して！」と言われることがありますね。思考することも「順序」の感覚を必要とします。

また、「順序」の感覚は、わたしたちが調和の内に、人と共に生るためにも不可欠な感覚です。

この「順序」の持つ意味を理解することができないと、わたしたちは人を押しやったり、人をかき分けたり、人を無視したり、人を蔑（ないがし）ろにすることがあります。「順序」の感覚が欠如していると、こうして不調和な行為や不適切な態度をとることに繋《つな》がります。「順序」の持つ意味を理解し、「順序」をつくり、「順序」を守ることは、人が人と共に生きるために、どうしても必要な能力なのです。

混乱したこの世の中で、子どもたちは「順序」の感覚を養う機会がないまま、成長してしまうことがあります。公園で遊んでいる子どもを見ていると、友達が乗っているブランコに乗りたくて駄々をこねている子どもを見かけます。すべり台では、友達を押しのけて先にすべり降りようとする子どもがいます。友達が使っているおもちゃを奪おうとする子どもがいます。お母さんに「順番ね」と言われても、止めません。

幼稚園に通うようになると、子どもたちは幼稚園で過ごす一日の「順序」に従って過ごします。「ひびきの村」の「こどもの園」では、朝、幼稚園に来ると、子どもたちは先生方に「おはよう」の挨拶をします。そして部屋の中で好きな遊びをします。遊びの時間が終わると、おもちゃを片づけてからおやつをいただきます。お腹がいっぱいになったら外で遊びます。次に部屋に戻ってライゲンをし、お話を聞きます。それからお昼ごはんの用意をします。そしてお昼ご飯をいただきます。ご飯の片づけが済んだら、少しだけ遊びます。おもちゃを片づけて、お帰りの会をします。みんなに「さよなら」をして家に帰ります。

そうそう、幼稚園に通う子どものことで、いつも気になっていたことがありましたので、この機会にお伝えします。お母さん、お父さん、幼児を幼稚園に迎えにいらっしゃる皆さま、先生やお友達に「さよなら」したら、寄り道をせずに必ず家に戻りましょう。とても大切なことです。どんなに大好きな幼稚園でも、子どもたちは疲れます。緊張もするでしょう。はしゃぎもするでしょう。怒ったり、時には喧嘩《けんか》をしたり、泣きもするでしょう。その緊張を解きほぐすためにも、疲れを癒すためにも、幼稚園の帰りにお友達の家に寄って遊んだり、買い物に連れて行ったり、子どもを連れてあなたの友人を訪ねることは止めましょう。

たとえ子どもが「なおこちゃんと遊ぶやくそくしたんだ！」と言い張っても、一度は家に帰ってくださ い。そして、ほっとする時間を持たせてあげてください。是非、これを子どもの生活の「順序」に組み入れて下さい。「少し落ち着いてくれるといいんだけど…」「乱暴しないでね」「ちょっとじっとしていて！」と、子どものありさまを嘆く前に、わたしたちが子どもに「順序」を踏んだ生活をさせているかどうか、考えましょう。是非、そうしましょうね。

幼稚園の生活には「順序」があります。子どもたちはいつも「順序」どおりに生活しています。野菜スープをつくる、ぬらし絵を描く、パンの生地をこねる、パンを焼く……曜日に従って決められています。

……今日は野菜スープをつくる日だけど、野菜を用意するのを忘れたから、絵を描かせましょう。今日はおやつのすぐ後にお話をしましょう。面倒だから明日はライゲンをしなくていいわね……というように、先生が毎日することの「順序」を変えたら、子どもの内で「順序」の感覚が育ちません。朝、幼稚園に来たとたんに「おやつが食べたい」と言い張る子ども、手を洗う時、順番を待てない子ども、シロフォンをめちゃめちゃに叩《たた》く子ども……「我が儘《まま》な子ね」「順番を守れない躾《しつけ》の悪い子」「いくら言っても『順番』が分からないいやな子！」……とばかりも言っていられません。もしかすると、そういう子の内では「順序」の感覚が育っていないのかもしれませんよ。

あなたのお子さんの内にそれが見えたら、どうぞ考えてください。「わたしはいつも順序よく仕事をしているかしら？」「子どもになにかさせる時、『順序』正しくしているかしら？」「わたしはいつも『順序』を守っているかしら？」と……。

もしかすると、子どものまわりにいるわたしたち大人が「順序」を軽んじ、「順序」を無視し、「順序」を守っていないのかもしれませんね。

小学校に入っても、数字の順序を理解できない子どもがいます。どうしても九九を言えない子どもがいます。文章を作る時に文字の並べ方が分からない子どももいます。

「順序」の感覚を養うためのエクスサイズ

もし、あなたのまわりに「順序」の感覚が育っていないと思われる子どもがいたら、是非、次のエクスサイズをさせてあげてください。そんな心配を感じられない子どもにとっても、とても楽しいエクスサイズですから、一緒にしてみてはいかがですか？

【3歳から7歳くらいの子どものために】

1　ビーズで遊ぶ

手芸のお店には、色とりどりのビーズが売っています。大きめのきれいなビーズを買ってください。そして、ビーズを糸に通すのです。……赤色のビーズを一つ、次に青色のビーズを一つ、次は黄色……これが一つのまとまりです。このまま、また赤、青、黄色のビーズを通してもよいのですが、ビーズがツーツーと動いてしまいますので、結び目を一つ作ってしてあげてください。そして、また赤、青、黄色のビーズを通します。そして結び目を一つ。これを続けます。「飽きるまで」…なんて言ったら、子どもはずっとしているでしょうか？　様子を見ながら、最初は10回くらいにしておきましょう。

きれいにできましたねえ！　こんなきれいなものを、自分の手で作ることができて、子どもは大喜びです！　このエクスサイズを毎日1週間続けましょう。

これが簡単にできるようになったら、次に進みます。赤を二つ、青を二つ、黄色を二つ……そして結び目を作り、また赤を二つ、青を二つ、黄色を二つ通します。そして結び目。これを繰り返します。これも1週間続けてください。

3週間目は同じ色のビーズを三つずつ糸に通します。はじめに赤を三つ、次に青を三つ、黄色を三つ、そして、結び目。これを続けます。

糸の先にご飯粒をのばして少しつけると、糸が固くなってビーズを通しやすくなりますよ。

2　ボタンで遊ぶ

皆さまの家には、使わないボタンがたくさんありますか？　今、わたしには洋服を縫《ぬ》ったり、手芸をする時間がありませんので、使わないボタンのストックを持っていません。子どもたちが幼い頃はよく手仕事をしていたものです。特に長男の着るものは、小学校に入学するまで、殆《ほとん》どわたしの手で作っていました。そして、不要になった服を処分する時には、必ずボタンをはずしてとっておきましたので、わたしはボタンをたくさん持っていたのです。色も形も材質も違うたくさんのボタンを空き瓶《びん》の中に入れて…わたしはそれを眺めているだけで幸せな気持になっていましたっけ。

今度のエクスサイズはボタンを使います。家にあるボタンを全部集めて、机の上に広げてください。きれいでしょう？　さあ、いちばん小さなボタンから糸に通します。その次は、最初のぼたんより少し大きいものを、次はそれよりもさらに大きいボタンを……順々に大きいボタンを探して糸に通してください。いちばん大きいボタンを糸に通したら、今度はそれより少しだけ小さいボタンを見つけて糸に通すのです。次に、少し小さいボタンを、また次にはもう少し小さいボタンを……。ボタンを通した糸の両端を持って、ぴんと張ってみてください。なだらかな山ができましたね。

【7歳以上の子どものために】

1　カレンダーを使うエクスサイズ

①子どもと一緒にカレンダーを作りましょう。大きな画用紙を用意します。上半分には、子どもに絵を描いてもらうとよいでしょう。下半分には、数字を書き込むための升目《ますめ》を書き込みます。小さい子どものためのビーズのエクスサイズのように、1週間の7日が一つのまとまりとなります。半分の大きさの紙11枚に、残りの月の相応《ふさわ》しい絵を描いてもらってください。そして、練習をする時には、その季節に相応《ふさわ》しい絵に取り替えたらたのしいでしょうね。

②曜日のエクスサイズ

厚紙を使って、一辺が7センチメートルの大きさのカードを7枚作ります。それぞれに曜日を書き込みます。あなたが日曜日から順に、曜日の名を言ってください。あなたが言った曜日のカードをテーブルの上に置くように、子どもに言ってください。何曜日から始めても構いませんが、必ず順序に従ってくださいね。

③12の月（つき）のエクスサイズ

厚紙を使って、曜日の練習の時より少し大きめのカードを作ります。カードの上に12の月の名前を書きます。そして、曜日のエクスサイズをした時のように、12の月の名前を順序よく言ってください。子どもは、あなたが言う順にカードを並べます。

④日のエクスサイズ

厚紙で丸いカードを作ります。①で作ったカレンダーの、数字が書かれている升目に入るほどの大きさのものです。そして、それぞれのカードに1から31までの数字を書き込みます。1で作ったカレンダーの上に、同じ数のカードを置いていきます。

2　五十音を使うエクスサイズ

①五十音は五つの母音で区切られています。とてもリズミカルですね。このリズムに乗って、子どもが五十音を言えるように練習しましょう。あいうえお、かきくけこ、さしすせそ……あ、か、さ、た……の音を強く言ってリズムを強調してください。

②あなたが五十音をはじめから最後まで、ぜんぶ言ってください。そして、子どもたちにあなたの間違いを見つけさせて下さい。あなたが言い違えたり、とばして言ってしまったら、それを指摘するように言ってください。間違いを指摘されたらそこで止め、もう一度、はじめから言い直してください。あなたが間違えずに言えるのでしたら、わざと間違えてください。

③文字の形に歩きながら、床の上にひらがなを書きます。51文字の中から一つの文字を選んでください。始める時は、いつでも紙の上に字を書き始める位置からです。ひらがなを使ってできるようになりましたら、次にカタカナを使ってください。

1日に1回は練習させてくださいね。

④子どもの背中に、指で文字を書いてください。そして、それが何の文字であるか、当てさせてください。子どもの頃、よくこんなことをして遊びましたね。数字を当てさせることもできます。が、決して五十音と数字を混ぜないでください。

次は、あなたが当てる番ですよ。あなたの背中に、子どもに文字や数字を書かせてください。そして、あなたが当てるのです。

⑤ノートにあなたがひらがなで文章を書いてください。子どもはその文章に最初に出てくる「あ」を見つけて○で囲ませるのです。次は、はじめて出てくる「い」、次はう、え、おです。次はか、き、く、け、ことというふうに。五十音すべてを一度にするのは大変ですから、1日目は「あ」から「の」まで、2日目は「は」から「ん」まで……というように。

たとえば、

ⓐⓞさんは、ゆめをみました。ゆめのなⓚで、あおさんは、もりのこみちをさんぽしてⓘました。「ⓚょうも、いいてんきだなあ」ぽっⓚりぽっくりあるいていくと、もりがおわって　はらっぱにでました。「ああ、こんなところにでぐちがあったのか……」ひろいはらっぱのむこⓤに、ちいさなおかがみⓔます。（あ、い、う、え、お、か、き、く、まで見つけました）『馬場のぼる作・ぶどう畑のアオさん』より抜粋

3　数を使うエクスサイズ

①1から0まで、すべての数字の形は違います。子どもにとって、正しい形を書くのはむずかしいことでしょう。ひらがなを覚える時にしたように、数字の形を身体を使って動くことは、子どもが数字を覚えるために大きな力になります。はじめは床にチョークで数字を書いてあげたら良いかもしれません。そして、書いた数字の上を歩かせてください。

身体を使って床の上を数字の形を動く時には、くれぐれも、手で紙の上に書く時と同じように動いて、と、子どもに言ってください。はじめにあなたがして見せてあげたら良いかもしれませんね。いつでも同じ場所から、同じ方向に向かって歩き始めます。とても大切なことです。くれぐれも忘れないようにしてください。

②九九の練習

床に円を描いてください。その上に同じ間隔をおいて1から10までの数字を描いてください。それ

ぞれの数字の間は、子どもが1歩で歩ける長さにしてください。

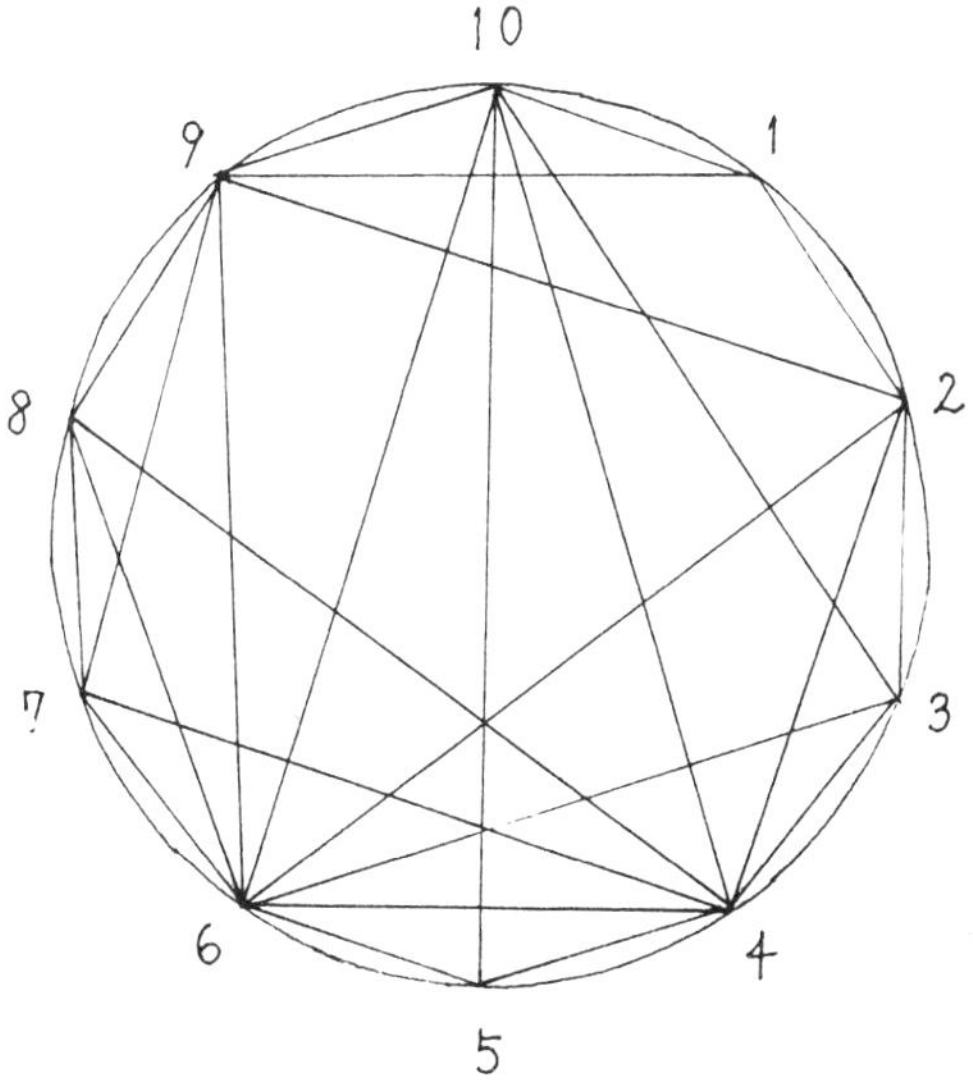

●1歩ずつ、1から10まで歩かせてください。

●次に一つおきに歩かせてください。1から3へ、3から5へ、5から7、7から9というように。

数字の上を動きながら、九九を唱《とな》えます。まず2の段から始めましょう。数字の2の上に立ちます。そして、2×1＝2と言います。次に4の数字の上に移って2×2＝4と言います。次は2×3＝6……2×6の時には2の上に戻ってきます。残りも同じようにします。数字は大きな声で言い、動いたら数字の上でぴたっと止まるように言ってくださいね。

今、わたしたちの周囲には、学ぶことに困難を感じている子どもが少なくありません。生まれた時から困難を背負っている子どももいます。けれど、多くの子どもたちは、わたしたちがつくり上げた文明の劣悪な環境に困難を背負わされてしまったのです。

わたしたちは、その子どもたちに背負わせた荷物を取り除く義務があります。何としても彼らの重荷を軽くしてあげなければなりません。

ルドルフ・シュタイナーは八〇年も前に、今日《こんにち》の状況を予測していました。そしてさまざまな示唆に富んだ講議をしました。

彼の志を継《つ》いだ多くの先達《せんだつ》によって考え出され、実践されている治癒教育のほんの一端をご紹介しました。

　ルドルフ・シュタイナーによる治癒教育は、彼の人間観に基づいた大変奥の深いものです。皆さまが少しでも興味を持ってくださったら嬉しく思います。そして、機会がありましたら、是非、もっともっと勉強してください。

　ルドルフ・シュタイナー・カレッジで、わたしに治癒教育を教えてくれたインゲン・シュナイダーさんが、今秋、日本にいらっしゃる予定です。「ひびきの村」にもお出でいただいて、みんなで勉強しようと楽しみにしています。機会がありましたら、皆さまも是非ご参加ください。

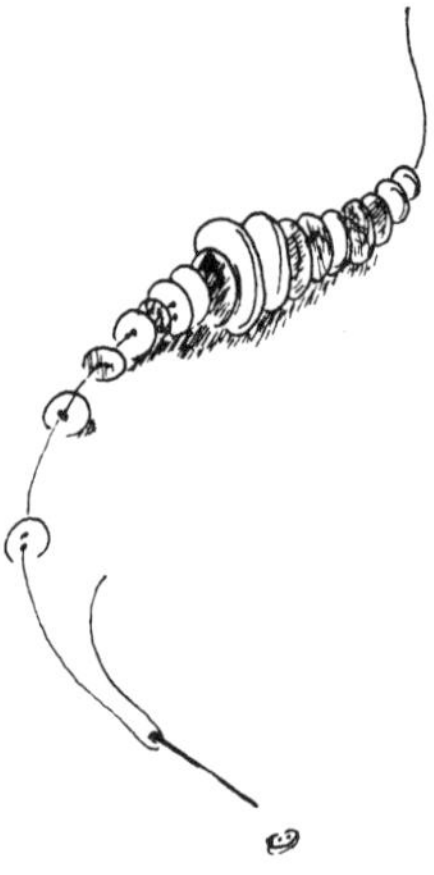

ペタゴジカル
ストーリー

お話の持つ力

仲間はずれにされる子どものために

petagogical《ペタゴジカル》 story《ストーリー》：直訳すると、教育的なお話。ここでは、心から「そうしよう！」と思えるように導く創作物語の意味。

あなたは、聡子ちゃんでしたか、秋子ちゃんでしたか？大村さんは秋子ちゃんだったそうです。45年経った今……、仲良しの友だちだった聡子ちゃんにむけて書きました。

夕方、買い物帰りに公園の脇の道を歩いていたら、聡子《さとこ》ちゃんの姿を見かけました。聡子ちゃんは肩を落としてぽっつりぽっつり一人で歩いていました。わたしはすぐに追いついて、「さとこちゃん！」と声をかけましたが、聡子ちゃんは下をむいたまま黙って歩きつづけるのでした。公園からは子どもたちの元気のよい声が聞こえてきます。生け垣の隙間《すきま》から子ども達の姿を追うと、「高鬼《たかおに》」をしているのでしょうか、ブランコに飛び乗ったり、鉄棒にしがみついたり、身体をねじりながらジャングルジムに登ったり、すべり台に駆け上がる子どもたちの様子が見えました。

「ほら、よしこちゃん、鬼が行ったわよー」「けいこちゃん、はやく！はやく！こっちへおいで！」「けんちゃん、そっちに行っちゃダメ！つかまっちゃうよ！」と、走りながら絶えず仲間に呼びかけている秋子ちゃんの声がいちだんと高く聞こえてきます。……聡子はのんびりしているでしょう、だから、お友達についていけなくて時々仲間はずれにされることがあるのよ……と辛そうに話していた聡子ちゃんのお母さんの言葉を、わたしは思い出しました。

…そうなんだ、聡子ちゃん。みんなについていけないのね。それで、仲間はずされにされてしまったのね……わたしの隣を、黙ってぽっつりぽっつり歩いている聡子ちゃんを横目で見ながら、わたしはそう呟《つぶや》いていました。

秋子ちゃんと聡子ちゃんは小学校3年生、わたしの近所に住む同じ学校に通う同級生です。秋子ちゃんは背が高く（クラスで2番目に高いそうですよ）、声が大きく、敏捷《びんしょう》で、ことばにも力が感じられます。たくさんのことに興味を持ち、興味を持ったことには積極的に取り組みます。物事を理解する力があり、物事を的確に判断でき、何が必要とされているかすぐに分かります。そして、親分肌と言いましょうか、友だちのめんどうをよく見ますし、クラスメートに尊敬されています。聡子ちゃんは秋子ちゃんと対照的です。顔も、手も、指もまるっこい子どもです。性格も身体つきのようにまるっこくて、穏やかで、のんびりしています。どんなときにも慌《あわ》てず、騒がず、ゆっくりしています。ですからクラスでも目立った存在ではありません。グループで活動するときも、友だちと遊ぶときも、決して自分のペースをくずさず、自分のやり方を通します。

お友だちはそんな聡子ちゃんにじれたり、いらいらすることがあるようです。そして、ときには聡子ちゃんと同じグループになることを嫌がったり、一緒に遊ぶことを敬遠することがあると聞いています。聡子ちゃんが「あそぼう！」と言っても、みんなは黙って顔を見合わせて、返事をしないこともあるそうです。一緒に遊んでいるときに、みんなが急にさっと姿を消してしまうことがあると言います。みんながどこに行ってしまったのか、聡子ちゃんには見当がつきません。ですから聡子ちゃんは追いかけることもできず、一人、取り残されてしまうのです。

そんな聡子ちゃんは、今日もみんなの仲間に入れてもらえなかったのでしょうか？　それとも、素速く逃げるみんなを捕まえることができずに、聡子ちゃんばかりが鬼になって、悲しくて抜け出してきたのでしょうか？

……秋子ちゃんが悪いのでもない、聡子ちゃんが悪いのでもない、二人はただ「違う」だけなのに……。あなたたち子どもが一緒に遊ぶときにも、「違う」ということが、こんなに障害になるのねえ。わたしたち大人も、人と共に生きようとするとき、

「違い」によって苦しみ、悲しみ、耐え難い思いをしているのよ……しょんぼりしている聡子ちゃんの横顔を眺《なが》めながら、わたしは心の中でふっとため息をつくのでした。

皆さまにもこんな思い出がありますか？　あなたは聡子ちゃんのような子どもでしたか？　秋子ちゃんのような子どもでしたか？

わたしは秋子ちゃんのようなタイプの子どもでした。ですから、ゆっくり、のんびりしている友達や、自分のペースを崩さない友達と一緒に遊ぶことが、わたしにとって、時にはとても忍耐の要ることでもありました。時にはそういう友達を待っているのがイヤになってしまうことがありました。そして、逃げ出してしまうこともありました。

聡子ちゃんと一緒に遊んでいて、じりじりしている秋子ちゃんを時々見かけることがありますが、はやる気持を一生懸命押さえている秋子ちゃんの様子が、わたしには手に取るように分かるのです。でも、いつもいつもそういうふうではないんですよ。秋子ちゃんは気っぷの良い女親分ですから、弱い子や小さい子にはやさしいし、親切なのです。ですから、弱い者いじめなんか決してしません。でも、時々、素敵な遊びを思いついて、それをしようとしても、秋子ちゃんの思いつきをなかなか理解できない友達がいると、いらいらしてしまうのですね。それで、「聡子ちゃん、向こうに行ってて！」なんて言ってしまったり、聡子ちゃんの姿が見えるとさっと隠れてしまうことがあるのです。

秋子ちゃんにしてみれば、こんなに一生懸命説明しているのに、どうして分からないの？　どうしてできないの？　どうしてそんなに遅いの？　と思っていることでしょう。まだ小学3年生の秋子ちゃんには、自分が簡単にできることを、どんなに努力してもできない子どもがいるということが腑《ふ》に落ちないのですね。「どうして聡子ちゃんはわたしが言うようにできないのかしら？」と不思議でたまらないのです。「何回も説明しているのにどうして分からないの？」……同じことを繰り返すことが面倒になるのでしょう。秋子ちゃんにしてみれば、悔《くや》しいし、悲しいし、腹がたつのだと思います。自分とは正反対の在り方をしている聡子ちゃんを受け入れがたい秋子ちゃんの気持が、わたしにはよく分かるのです。

けれど、聡子ちゃんには、どうして秋子ちゃんがそんなに怒るのか分かりません。秋子ちゃんが好きで、秋子ちゃんと一緒に遊びたくて、一生懸命言われたとおりにしているのに、どうして秋子ちゃんが自分を避《さ》けようとするのか、理解できません。聡子ちゃんは本当は、もっと同じ遊びを続けたいのです。だって、ようやく遊び方が分かっておもしろくなってきたところなんですもの。聡子ちゃんには、どうして秋子ちゃんが次々と遊びを変えるのか分からないのです。

自分が話していることを、聡子ちゃんに分かってもらえない秋子ちゃんも悲しいし、言われたようにしているつもりなのに、秋子ちゃんに叱《しか》られる聡子ちゃんも悲しいし……困ったことです！

「うちの子どもは気が弱くて、強い子に仲間はずれにされることがよくあります。時々お友達にきついことを言われてとても傷ついています。そんなとき、しょんぼりと力を落としている子どもに、元気が出るようなお話をしてあげたいのですが……」というお便りを、一人のお母さんからいただきました。

ここに書きましたように、わたしは子どもの頃、とっても気が強い女親分でした。秋子ちゃんのように、分からない子、できない子、ゆっくりな子と遊ぶことを時々苦痛に感じることがありました。わたしはゆっくりな友だちを決して嫌ってはいませんでした。仲良くしてはいたんですよ。でも、機敏に動きまわって楽しむ遊びを、その子と一緒にしたいとは思いませんでした。だって、その子が入ると、本当は楽しい遊びがとたんにつまらなくなるのですもの。そして、その子と同じグループになったら最後、ゲームに負けることが分かっていましたから……。そうして、わたしはそういう友だちを疎《うと》み、傷つけていたのですね。

今日は、わたしが傷つけてしまった仲良しの友だちに、45年も経った今、「ごめんなさい」を言うつもりで物語を書きました。ゆっくりっ子、のんびりっ子のお母さん、お父さん、このお話を、子どもさんに聞かせてあげてください。そして、元気づけてあげてください！

「春風ノンノと雷《かみなり》っ子ゴンゴ」

春です！　みなさん、ちょっと空を見上げてくださいな。今、みなさんの頭の上にひろがる空はどんなふうですか？　白っぽい空に、のほほんとした雲のかたまりが浮かんでいますか？　ほーっとあったかーい風が吹いていますか？　鳥たちが忙しそうに飛びまわっていますか？　にぎやかにさえずっていますか？　向こうの林の木々はうっすらと緑のベールをかぶっていますか？

もう４月ですもの！　みなさんのまわりはどこもかしこも春！春！春！でしょう！

でも、知っているでしょうか？　春の空のそのまたずーっとずーっと上の方の空には、春、夏、秋、冬……１年中の季節があるんですよ。ふしぎでしょう？　どうしてそんなことがあるの？って思いますよねえ。それはね、ずーっとずーっと上の方の空には、四つの季節の妖精たちがみんな一緒に暮らしているからなんです。

たとえば、わたしたちが暮らしている地上では、春が過ぎると青葉の季節になります。透《す》き通るような緑の葉の間を吹きわたる風がとっても気持がいいですね。それは生まれたばかりの夏の妖精たちが、木々のまわりを駆け回るからなんですよ。

そして、そのすぐ後には梅雨（つゆ）と呼ばれる雨の季節がやってきます。毎日毎日しとしとと雨を降らすのは、雨（あめ）ん坊の妖精たち。雨ん坊の妖精たちは水遊びが大好きなんです。来る日も来る日も、雨ん坊の妖精たちが大きな雨雲の上で水遊びをしていて、その滴（しずく）がわたしたちの頭の上に落ちて来るんです。それで毎日雨降りが続くのですね。

雨ん坊の妖精たちがようやく水遊びに飽《あ》きるころ、雲の陰でお昼寝をしていたお日様が目をさまします。ゆっくり眠ったお日様はすっかり元気になって、空高くぐんぐん昇り、大気もぐんぐん熱くなります。すると、山の向こうからにょっきにょっきと入道雲が顔を出しますね！　その入道雲の妖精も、指折り数えて出番を待っているのですよ。

秋には木の葉を色づかせる冷たい手を持つ妖精たち、冬を知らせる、真っ白なふわふわしたドレスを身にまとった雪虫の妖精たち、そして冬の間中働きつづける霜（しも）と霰（あられ）と雪と氷の妖精……みんなお揃いの透き通ったすてきな帽子とドレスと靴を持っているんです。みなさんも見たことがあるでしょう？

こんなに大勢の季節の妖精たちが、高い高い、もっともっと高い空の上で、それぞれの季節が巡《めぐ》ってくるのを待っているのですよ。「待っている間、妖精たちは何をしているの？」ですって…。妖精たちはいつでも地上の様子を見ています。そして困っている人や悲しんでいる子ども、弱っているお年寄りはいないかな、って見ているのです。そして、そんな人や子どもやお年寄りを見つけると、急いで地上におりていって助けるのです。温かい空気や気持ちの良い風、明るい光を送って、わたしたちの身体を元気にし、わたしたちの心を勇気づけ、慰めてくれるのです。神様は、季節の妖精たちにそういう役目を与えたのですよ。

あなたがお兄ちゃんに意地悪なことを言われて、「お兄ちゃんてやだな！」「おにいちゃんなんていないほうがいいや！」と思っている時、あなたのまわりに、ふーっと春風のようにやさしくてあったかい風を感じたことはありませんか？　すると急に、「なーんだ、そうだったのか、お兄ちゃんは意地悪したわけじゃないんだ。ぼくと遊びたくてああ言ったんだ！」と分かって、「またお兄ちゃんと遊ぼうっと！」って思ったことはありませんか？

あの時、あなたがおにいちゃんを嫌いになったらどうしましょう！って心配した春風の妖精が、あなたのまわりにやさしくてあったかい春の風を吹かせてくれたんですよ。そしてその風が、あなたのしょぼんとした心をふんわり包んでやさしい気持に変えてくれたんですね！

こんなふうに、季節の妖精たちは困っている人を見たら、いつでも、どこにいてもすぐに助けに行きます。あなたもわたしも、気が付かないうちに、どれほど季節の妖精たちに守られ、助けてもらっているることか！　妖精たちがどんなにわたしたちを心に掛《か》けてくれているか……それを知ったら、だれでもきっと驚くことでしょう！　あんまり一生懸命わたしたちを守ろうとして、時々妖精たちは仲違《なかたが》いしてしまうことがあるくらいなんですよ。

たとえばこの冬、こんなことがありました。その日は大寒《だいかん》で、1年中でいちばん寒い日と決まっていました。ですから、雪の妖精は、朝から白いマントを空いっぱいに広げて、休みなく粉雪をふらせていたのです。空をおおった冷たい鉛色の雲の妖精も、びくとも動かずにでんとすわり、雪の妖精が働きやすいように助けていました。

その日、雪があんまり冷たくて、雲があんまり寂しくてわたしは、青空がとても恋しくなりました。そして……雪が止みそうな空の裂け目はないかしら？……そう思ってわたしは一心に空を眺めていたのでした。するとその瞬間、鉛色の空にほんの小さな隙間《すきま》がふっとできました。そして、すこしだけ温かい風が一瞬の間、吹いたのです。わたしの気のせいなんかではありません。だって、その雲の隙間から、春の妖精、春風ノンノが懸命に春風を送ろうとしている姿が、ちらっと見えましたもの！

なぜ、鉛色の雲におおわれ、粉雪が降り続く冬のいちばん寒い日に、春の妖精が春風を吹かしていたんでしょう？　それにはふかーい訳があったのですよ。

春風ノンノはやきもきしていました。なぜって、聡子ちゃんが、今日もまた、秋子ちゃんに仲間はずれにされて一人でぽつんと寂しそうにしていたからなのです。春風ノンノと聡子ちゃんは大の仲良しでした。聡子ちゃんが地上のお母さんとお父さんのもとに行く前に天で暮らしていた時、いつも二人は仲良く遊んでいたのです。そして、聡子ちゃんが天使に付き添われていよいよ地上に生まれてゆく日がきたとき、不安そうに眉《まゆ》を寄せている聡子ちゃんに、「これからもずっと、わたしが守ってあげるから……、あなたを困らせたり、悲しませる友達がいたら、わたしが温かい風を吹かせて、その子に優しい気持を送るから……だから怖《こわ》がらずに安心して、お母さんとお父さんのもとに行きなさい、ね」と、春風ノンノは約束したのです。ですから、秋子ちゃんに仲間はずれにされてしょんぼりしている聡子ちゃんの姿を見て、春風ノンノは……秋子ちゃんに温かい風を送ろう、そして、秋子ちゃんの心に優しい気持ちが生まれるようにしよう……そうして聡子ちゃんとの約束を果たそう、と考えたのです。

でも、その日は長い冬の中でも海の水さえ凍《こお》るような寒い日です。空を厚くおおった雲の妖精は頑《がん》として動きません。雪の妖精も雪を降らせる仕事が忙しくて聞こえないのでしょうか？「聡子ちゃんに春風を届けたいの。だからお願い、ほんのちょっとの間だけでも雲を脇に寄せて、あなたも一休みしてちょうだいな。その間に、さーっとほんのひと吹き、春風を吹かせて欲しいの。ね、いいでしょう？」と、何度も何度もノンノが頼んでいるのに、雪の妖精は返事をしてくれないのです。

困り果てた春風ノンノは、雷っ子ゴンゴを訪ねることに決めました。雷っ子ゴンゴの出番である夏はまだまだ半年も先のことです。トラの皮のパンツをはいたゴンゴは、夏の妖精たちが暮らしているずっとずっと高い空の入道雲の上で、大の字になって昼寝をしていました。

「ゴンゴさん、お願いがあるの。ちょっとの間、太《たい》鼓《こ》を叩《たた》いて雪雲を驚かせてくれませんか？」「雪雲の妖精なんかを驚かせて、いったいどうしようというんだい？」「春風を吹かせたいんです。ほんのひと吹きでいいんです。仲良しの聡子ちゃんが悲しんでいるんです。だから、聡子ちゃんを仲間はずれにした秋子ちゃんの心に温かい風を届けたいんです。」「でも、今日は大寒だよ。よりによって一年中でいちばん寒い日にねえ……」「分かっています。ですからあなたに頼んでいるのです。こんな日に、雪雲をどかすことができるのはあなたしかいませんもの」

そんなふうに言われて、雷っ子ゴンゴが断れるのでしょうか！……真冬に太鼓を叩《たた》くなんて、神様のみ心に叶《かな》うことではないんだがなあ。でも、秋子ちゃんの心に優しい気持を送るためなら仕方がない。きっと神様も大目に見てくださるだろう……ゴンゴはそう考えました。そして、「いいよ、だだし、ほんの1回だけだからね。ごろーごろごろごろごろごろごろー、と1回だけだよ。オイラが太鼓を叩いたら、きっと雪雲の妖精が驚いて身を寄せるにちがいない。そしたら、その隙間から君は春風を送ったらいい。でも、オイラの太鼓を聞いても雪雲がぜんぜん驚かないで知らんぷりしていたら…残念だけれど、それでおしまい！　いいね」「ええ、いいわ。では、思いっきり強く、大きな音を出してくださいね。雪雲がびっくり仰天《ぎょうてん》するように！」と、春風ノンノは答えました。そして、いつでも秋子ちゃんに温かい風を送ることができるように、さくら色と、あんず色と、すみれ色に染め上げられた美しいドレスの袖《そで》を大きくいっぱいに広げて待ちました。

その時です！　ごろーごろごろごろごろごろごろーと冬の空いっぱいに雷の音が聞こえました。すると、それまででーんと動かずにいた雪雲が驚いて、ぶるぶるっと身震いをしました。その時、厚い雲にほんの小さな隙間《すきま》ができました。「今だわ！」春風ノンノは大きく膨《ふく》らませたドレスの袖《そで》を、思いっきり大きく振りました。すると、その隙間から、ふーっと温かい風が地上に向かって下りていったのです。そして、その風は、はるか遠くの地上にいる秋子ちゃんの頬《ほほ》に届いたのです。

その時、秋子ちゃんはだれかの温かい手で、ほっぺをやさしく撫《な》でられたような気がしました。ふっと優しい気持になりました。そして「あしたは、聡子ちゃんと仲良くあそぼうっと！」と思ったのでした。

時は過ぎ、春が近づいてきました。つららが日に日にやせ細って短くなってゆきます。灰色の空は明るさを増してきました。そしてある日、東山の南斜面の陽だまりに、とうとう黒い土が顔を出しました。草も花も木々も、春風ノンノが吹かせる柔らかい風を心待ちにしています。芽を出し、葉を広げ、花を咲かせる日がくるのを、土の中でじーっと静かに待っていたのですもの！　そしてまた、野山に棲《す》む鳥も獣《けもの》も虫も、そして水の中の魚さえ、ノンノが吹く春風を待っていたのです。春風が吹いたら、それが合図！……狭くて暗い栖（すみか）から出ておいで！　広々とした野原は気持ちがいいよ！　さあ、元気な家族をふやすのよ!……って。

さあ、春風ノンノの出番です。ノンノは心ゆくまで春風を吹かせ、世界中の生き物に温かく、元気な力を送りました。勿論、聡子ちゃんにも、秋子ちゃんにも!

時は過ぎ、そうこうしているうちに、葉は青々としげって、気の早い草花は花を咲かせ始めました。空はますます明るく、時にはあんまり明るくて真っ白に見えることがあるくらいです。とうとう夏がやって来ました! 花は実になる準備を始めました。虫も鳥も獣《けもの》も忙しく動きまわっています。そして、空には入道雲が湧《わ》き、太陽は元気いっぱい照りつけ、夕立が激しく地面を叩きます。

けれど、どうしたことか、その年はいちども雷の音が聞こえませんでした。7月になっても、8月に入っても、そして、8月が終わろうとする最後の日になっても、とうとう雷は鳴りませんでした。わたしたちはとても不思議に思いました。今まで雷が鳴らない夏なんてあったかしら? でも、その訳をだれも知りませんでした。

その頃、春風ノンノはとうに仕事を終えて、空高くのんびりと漂《ただよ》っていました。来年の春までゆっくり休むことができるのです。春の間中、ノンノが春風を送ったので、秋子ちゃんの心は温かい風でいっぱいになっていました。そして、秋子ちゃんはすっかり優しい子になり、もう聡子ちゃんが仲間はずれにされる心配もなくなったのです。

その時、「ゴホン、ゴホン、ゴホン」と激しくせき込む声が聞こえました。見ると、入道雲のベットの上で、雷っ子ゴンゴが身体をまるめてせき込んでいるのでした。「ゴンゴさん、いったいどうしたのですか? 風邪《かぜ》をひいてしまったのですか?……まさか、あの大寒の日に、わたしが無理矢理太鼓を叩いてもらったから……。半年も経ったのに、まだ治らないのですか? そうなのですね。ごめんなさいね。わたしが無理を言ったばかりに」……ああ、どうしよう。わたしがあんなことを頼んだから、雷っ子ゴンゴさんが風邪をひいてしまって……。

「何しろゴホン、ゴホン。オイラはトラの皮のパンツしかゴホン、ゴホン。身につけてないのでねえ。

いえいえ、あなたが悪いんじゃあないよ、ゴホン、ゴホン。オイラが不注意だったんだ」「なにか、お助けできることはありますか？　なんでもいたします。おっしゃってくださいな」「それじゃあ、頼んでもいいかなあ？　じつはゴホン、ゴホン。オイラの仲良しの秋子ちゃんのことが気がかりでね。聡子ちゃんと仲良くしたいんだけどゴホン、ゴホン。なかなか一緒に遊べないんだよ」「ああ、秋子ちゃんの仲良しはあなたでしたか！　あなたが力を送っていたのですね。どうりで秋子ちゃんは強い子だと思いましたよ。でも、春の間中、わたしが秋子ちゃんに温かい風を送ったので、秋子ちゃんはとても優しい子になりました」「ああ、そうなんだ！　それはよかった。オイラこのとおり、長い間寝込んでしまっていたので、秋子ちゃんがどうしているか分からなかったんだよ。秋子ちゃんは優しくなったのか……。それはありがたい！　それじゃあこんどは聡子ちゃんに少し強い子になってもらったらいいなあ。あなたの力で秋子ちゃんが優しい子になったのだから、聡子ちゃんが今より強い子になったら、ふたりはきっと、もっともっと仲良くできるだろう。そして、これからもずーっと良い友達でいられるはずだ。分かり合い、助け合い、そしてお互いを大事にし合ってね、一生の間……」「そうですね。あなたのおっしゃるとおりです。で、わたしに何ができますか？」「あなたの温かい風で、たちの悪いオイラの風邪《かぜ》を治してもらえないだろうか？　秋子ちゃんを優しい子にしたあなたの温かい風で、オイラを包んでもらえたら…」

夏に春風を吹かすことは、神様のみ心に叶《かな》うことではありません。そんなことは、勿論《もちろん》、春風ノンノは知っていました。でも、冬のいちばん寒い日に、トラの皮のパンツひとつで太鼓を叩き、冷たい鉛色の雲を驚かして助けてくれた雷《かみなり》っ子ゴンゴが、そのために風邪をひいて苦しんでいるのです。どうして助けないでいられるでしょう！

春風ノンノは心を込めて、さくら色とあんず色とすみれ色に染め上げられた、美しいヴェールをいっぱいにひろげて温かい風を吹かせました。やさしいその風はゴンゴの身体をふんわりふんわり包み、温めたのでした。そうしてしばらく経つと、ゴンゴの身体はすっかり温かくなり、元気になったのでした。そして、ゴンゴはごろーごろごろごろごろごろごろごろー、ごろーごろごろごろごろごろごろー、ごろーごろごろごろごろごろごろごろー、と夏の終わりのその日に、一日中元気良く太鼓を叩き続けたのでした。

その太鼓の音は、聡子ちゃんの心にも鳴り響きました。そうして、ぐずぐずしない、めそめそしない、もじもじしない力が、聡子ちゃんの心に生まれたのです。

こうして、春風ノンノに助けられて優しい心を持つようになった秋子ちゃんは聡子ちゃんの気持ちを、そして、雷っ子ゴンゴに元気な心をもらった聡子ちゃんは、秋子ちゃんの気持ちをよく分かるようになったのです。そして、秋子ちゃんは聡子ちゃんを辛抱強く待てるようになり、聡子ちゃんは一生懸命頑張って遅れないようになりました。そしてふたりは大人になってからも、お母さんになってからも、そしておばあさんになってからも、ずっとずっとずーっと大の仲良しだったということです。

だから、安心してくださいな！　あなたを仲間はずれにする友達には、きっと春風ノンノが温かい風を送って、優しい心をプレゼントするにちがいありません。そして、ちょっとめそめそしてしまうあなたにも、雷っ子ゴンゴがあなたを強い子、元気な子にしてくれますよ。

夏の暑い日には、雷っ子ゴンゴが叩く太鼓の音に、じーっと耳を澄ましてごらんなさい、ね！　元気がわいてきたでしょう？

ホーム・ケア

ホーム・ケア「耳が痛い時、どうしたらいい？」

タマネギを使った湿布のお話です。
タマネギは、炎症を鎮める性質を持っています。
耳が痛むとき、関節が痛むとき、靭帯を痛めたとき……
あくまで救急処置ですから、耳の痛みの場合は必ず
お医者さんの診察を受けてください。

今日はタマネギを使う湿布《しっぷ》についてお話しいたしましょう。タマネギの原産地は西アジア周辺といわれていますが、今では世界中に広がり、わたしたちにとって、なくてはならない大切な食物となっています。皆さまの家の台所にも、いつでも1つ2つ、タマネギがきっところがっているでしょう。甘みがあってしかもぴりりとした辛さもあり、熱をとおしても、生でもおいしくいただける、とても重宝な野菜ですね。

わたしたちはタマネギの球根を食べています。球根はいくつもの層でできていて、一つひとつの層が薄い透明な皮で包まれています。そして、全体をおおっているいちばん外側の皮は厚く不透明で、しかも水を通しません。

昨年、「ひびきの村」のリムナタラ農場で、はじめてタマネギを収穫しました。小ぶりではありましたが、うすい茶色がかったオレンジ色の皮に包まれて、どれもつやつやと輝いていました。皮を触るとパリパリと音がしました。中の一つひとつの層は透き通るように輝き、真っ白でおいしい汁をいっぱい含んでいました。皆さまに農場の野菜を召し上がっていただけたらなあ……。

皆さまは、タマネギが畑に生《な》っている姿を見たことがありますか? タマネギの根はとても短くて、土の奥深くまでは伸びて行きません。1年目には花は咲かず、春になると土の上にいきなり双葉が芽を出し、やがて細いチューブのように中が空洞になっている葉になります。茎《くき》はありません。そして、そのまま冬を迎え、葉は枯れます。2年目の春になると、今度は葉は出ず、小さな膨(ふく)らみを持った球根が土の上に顔を出します。球根は地中から養分を送られ、そして温かい空気に助けられて、少しずつ少しずつ膨《ふく》らみ、夏の終わり頃には、まるまるとしたボールのような形になります。

そうなったら急いで収穫しなければなりません。ぐずぐずしているとふっくらと大きくなった球根の先から葉が伸びてしまうからです。そして、球根の中央から勢い良く茎が伸びて、茎のてっぺんに花を咲かせるのです。花をよく見ると、小さなうす紫色の小花がたくさんかたまってボールのような形になっているのですよ。

農場で働く人は、球根のままのタマネギを全部は収穫しません。畑でいちばん元気な球根を見つけて、それが花を咲かせ、実が成るのを待ちます。こうして次の年に蒔《ま》く種を採るのです。ちなみにタマネギはユリ科の多年生植物です。

さて、皆さまもご存じのように、タマネギは強い匂《にお》いを持っています。ボールのような球根だけがその強い匂いを持っているのではなく、葉も、茎も、花までも匂います。

わたしたちが食べる球根の部分には硫黄《いおう》がたくさん含まれています。そして、この硫黄分は、わたしたちの身体の代謝作用を刺激して、消化のプロセスを助けてくれます。また、この硫黄分と、タマネギの球根を形作っている力は炎症のプロセスを鎮《しず》める力を持っています。根と茎の間で成長するタマネギの球根は、いわば人間の頭部や胸部にあたります。そして、その部分は植物の中でも、もっとも強く成長する部分であり、その力がわたしたちの代謝《たいしゃ》組織に強く作用するのです。

また、タマネギは炎症を鎮静《ちんせい》させる力を持っています。その作用を、昔から、人は痛みを和らげ、腫《は》れをひかせるために利用してきました。皆さまもタマネギを利用する家庭療法を、どこかできっと見聞きしていらっしゃることでしょう。

昼間は元気に遊んでいた子どもが、夜になって急に耳が痛いと言って泣き出すことがあります。夜間の救急診療を受けるほどでもないし、かと言って痛いと泣いている子どもをほおっておくこともできません。お母さんなら、どなたも一度や二度はこんな体験をなさったのではありませんか？　そんなとき、このタマネギの湿布はとても効きます。どうぞ、試してみてください。

タマネギを使った湿布

タマネギはわたしたちの身体の奥深くではなく、比較的身体の表面で起きた炎症を鎮《しず》めることができます。耳が痛む時、関節が痛む時、また、靭帯《じんたい》を痛めた時にもタマネギの湿布は効きます。

耳が痛いとき

【用意するもの】

1　タマネギを一つ

2　包丁

3　まな板

4　ガーゼか木綿の布（身体の痛む部分の2倍くらいの大きさのもの、ガーゼなら2重になるように）

5　4の布のふたまわり位大きいウールの布

【湿布の仕方】

1　タマネギをみじん切りにします。

2　広げた布の真ん中にみじん切りのタマネギを正方形に広げ、包み込むように布の端をとじます。くれぐれもタマネギが布からはみ出ないようにしてください。

3　それをウールの布の上におきます。こうするとタマネギのみじん切りが、布からこぼれ出ることがありません。

4　それを耳の上、または耳のすぐ後ろに当てます。

5　包帯を巻くのはむずかしいので、スカーフできっちり頭をおおい、首の後ろで結んでください。

こうすると湿布の布は動きません。

くれぐれも皮膚に直接触れないように気を付けてください。硫黄分が強いので、皮膚が炎症を起こすことがあります。特に動きまわる子どもにこの湿布をするのは大変です。湿布をしている間は、お母さんが子どもと一緒に横になってお話をしてあげたり、本を読んであげるとよいでしょうね。子どもが眠ってしまったら、そのまま2、3時間当てておいて下さい。もし、痒《かゆ》がるようでしたら、すぐにはずし、ぬるま湯に浸した布で拭《ふ》いてあげてください。

関節が痛むとき

手足の関節が痛む時、靱帯《じんたい》を痛めた時にもタマネギの湿布は効きます。腫《は》れもひきますし、痛みも和らぎます。

【用意するもの】

1　タマネギを一つ
2　包丁
3　まな板
4　手ぬぐいほどの大きさの晒《さら》し、または手ぬぐいを1本

【湿布の仕方】

1　タマネギの根の部分を切ります。縦に四つ切りにします。（大きいものは、八つ切りにしてください）薄皮を取らないように、1枚ずつタマネギの層をはがします。

2　それを晒《さら》しの上に、痛む部分を十分覆《おお》う広さだけ、隙間《すきま》なく並べて包みます。

3　晒しで包んだタマネギを、包丁の柄やのし棒でトントンと軽く叩いてつぶします。（晒しに汁がにじんでくるまで叩いてください）

4　それを痛む関節や靱帯の上に巻きます。

5　湿布が乾いたら、取り替えます。腫《は》れがひき、痛みがとれるまで続けてください。ただし、皮膚が痒《かゆ》くなったり、赤くなったら止め、ぬるま湯で洗ってください。

特に、耳の痛みの場合は、あくまで救急処置と考えてください。そして痛みが落ち着いたら、必ず医師の診察を受けてくださいね。

日本では他にも、眠れないときに、タマネギをうすく切って枕元に置くとか、血圧を下げるために外側のぱりぱりした皮を煎《せん》じて飲む、という療法が伝えられています。ご存じの方も多いことでしょう。

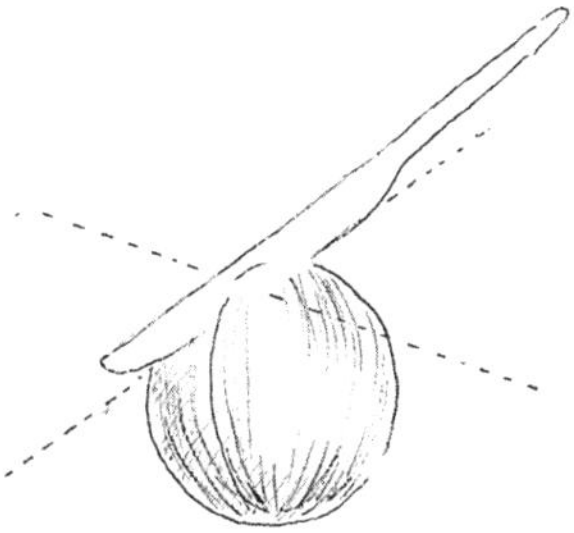

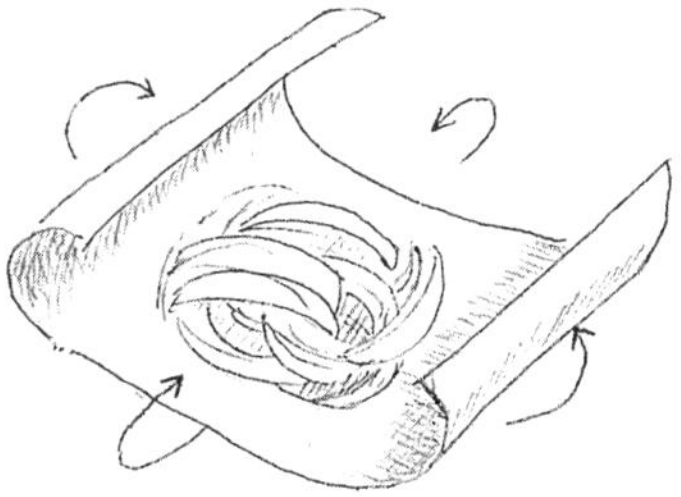

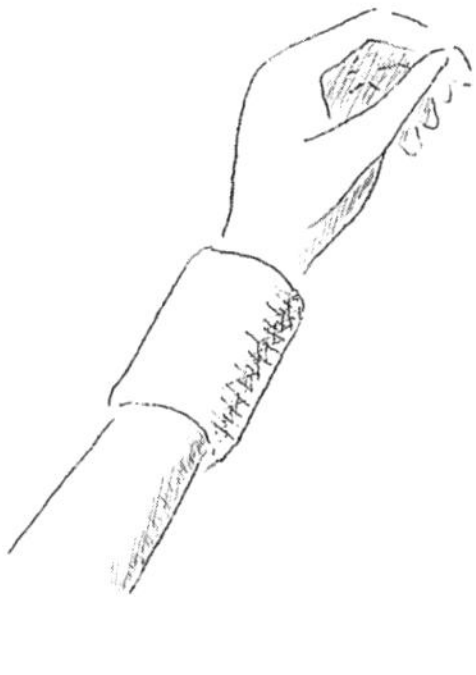

Q&A

Q&Aはご好評の中、今号でひとまず終了いたします。テーマ別に整理し、近々、1冊にまとめた単行本を出版の予定です。お楽しみに。第3期は、新しい形で再登場の予定です。

「Q&A」へのご質問は
FAXまたは郵便でお願い致します。

あて先〒101-0054東京都千代田区神田錦町3-21　三錦ビル2F
「ほんの木」　大村祐子さんへの『Q&A』係まで。
FAX03-3295-1080　TEL03-3291-5121
あなたのご住所、お名前、TEL、FAXをお書きの上、
質問をわかり易く200字～300字ぐらいにまとめてお送り下さい。
原則として本名で掲載いたしますが、匿名をご希望の方は、
その由お書き添え下さい。どしどしお寄せ下さい。

Q 今日は中2の長男の公立試験日。お気楽親子で受験生らしくなく過ごしてきたら、まさかの推薦入学失敗で、後がなくなりました。……

（東京都／M.Y.さん）

A どうお答えしたらいいのでしょう？　わたしはどうしたかしら？　もう15年も前のことです。

長男の高校を選ぶとき、わたしは必死でした。彼の特性が生かせる学校はないかと、ずいぶん探しました。静岡に芸術活動を主にして学ぶ高校があると聞いた時には、新幹線に乗って訪ねました。自然環境が素晴らしく、また、一人の人間として、自立して生きることができるような教育をしている学校があると聞いた時には、遠い山形へ行かせようかと考えたこともありました。新しい学校、歴史のある学校……勿論、近隣の学校はほとんど調べました。

そんな時、遠藤豊さんが「明星学園」の校長を辞め、数人の仲間と、ご自分たちが理想と考える教育を実現するために新しい学校を創ろうとしている、と聞きました。すぐに集まりに出かけました。真の意味で自由で自立した人間を育てる、という理念を掲げた学校創りでした。思想も実践も、シュタイナー教育に通じているところがたくさんありました。わたしはすぐに、「ここが一郎に用意された学校だ」と確信しました。学校創りには、直接参加することができませんでしたが、わたしもできる限りの手助けをしました。

「どうしても入学したい人のために、面接だけで入学を決

める特別枠を設けます」という知らせを受けた時には、「これでもうだいじょうぶ！」と思いました。面接の日には、子どもが自分の手で創った作品をひとつ持ってくるように言われました。一郎は、粘土《ねんど》を焼いて、美しい色を施した面を持っていきました。「一郎はこんな素晴らしい作品が創れる、独創的な子どもだもの、絶対受かるわ！」……わたしは心から信じて疑いませんでした。

面接は親子一緒に受けるように言われました。面接する先生は一人でした。「自由の森学園」で教えたいという先生方が日本全国から大勢集まり、先生の採用を決めるためにも面接が行われたと聞いていました。その、狭い門をくぐり抜けた若い先生でした。先生はとても気負っていて、一郎の本質を見て取れるような質問はまったくされなかったように、わたしには思えました。

面接を終えて外に出ると、飯能《はんのう》の盆地に吹く冷たい風は、みぞれに変っていました。いやな予感がしました。

1週間後、予想していたように「不合格」の通知が届きました。わたしは事務局に電話をしました。どうしても諦《あきら》めきれなかったのです。他に一郎が喜んで学べる学校があるとは考えられませんでした。事務局の人は、「今度は一般の人と一緒に受けてください。まだチャンスはありますよ」と言われました。……理想の教育を掲げているのに、試験で合格、不合格を決めるのはおかしい……と思いながら、「では、他にどんな方法があるんですか？」と聞かれれば、わたしは沈黙するしかなかったのです。

試験は大きな体育館で行われました。一郎は一人で出かけました。素晴らしい理念を掲げた新しい学校創りは、マスコミの注目を受けていました。テレビのニュースでも再三取り上げられました。試験の様子も、その日の夕方のニュースで見ることができました。

一郎は合格しました。

一郎は受験勉強をしたのでしょうか？　本人はしていたつもりかもしれません。でも、必死で勉強していた同級生を見ていたら、一郎がしていた程度の勉強は、とうてい受験勉強とは言えないものだったでしょう。

わたしは「絶対、一郎に相応《ふさわ》しい高校を見つけ、彼がそこで彼らしく学べるようにしよう」と思い、決めていました。「どんなことがあってもそうする」と決めていました。あんなに素晴らしい資質を持って生まれてきた彼が、学校教育によってつぶされることは、わたしには耐えられないことでした。「精神科学」を学び、真理の内に生きたい、と願っているわたしが今、あの時と同じことを是とするか、と聞かれたら、わたしは即座にYESと答えられません。今のわたしは、子どもの人生を、……もっともっと精神の高みから見届けたい……と願っているからなのです。

こうしてあなたに答えにならない応《こた》えを書いている今、もう、お子さんの合格発表は終わっているでしょうか？

とてもむずかしいことだと思います。けれど、何事も成り行きに任せるのではなく、強い意思を持って決め、行いたいものだと、わたしは考えます。「受験勉強をさせない」「知識を詰《つ》め込むだけの教育で、子どもをつぶさせない」と、あなたが決め、そして、受験勉強をさせないのであれば、そして、高校へ進学させようと考えているのであれば、受験勉強をしなくても入学できる、あなたのお子さんに相応しい学校を、あなたが選ぶことが必要なのではないでしょうか？　そして、その為に力の限りを尽すことが必要だと思うのです。

　それがお子さんの願いであるなら、公立高校に合格されていることを祈っています。もし、そうでなければ、来年受験することにして、1年間、学校に行かなくても、素晴らしい過ごし方はたくさんありますよ。お子さんには何か好きなこと、得意なことがありますか？　1年間、それに没頭するのもいいでしょう。この機会に、お店の手伝い、大工さんの手伝い、新聞配達、農家の手伝い……ありとあらゆるチャンスが目の前にあるではありませんか！

　先日の北海道新聞に、中学校を卒業して、漁師のお父さんと船に乗って漁に出ている双子の姉妹の記事が載っていました。彼女たちは学校でする勉強が大嫌いだったんですって！「お父さんと毎日海に出られて、とっても幸せです」と話す彼女たちの笑顔は輝いていましたよ。

Q　シュタイナー教育にもとづいた、子どもたちへのおもちゃの与え方、また、その効果について教えて下さい。シュタイナーのおもちゃを売っている所で見ると、随分、値段が高いように思えます。プラスチックのおもちゃの問題も含め、教えていただけますか？

（岐阜県／J・Mさん）

A　皆さまからお寄せいただいたアンケートの中には、「子どもにどんなおもちゃを与えたらいいのか？」というご質問が毎回見られます。それほど、皆さまはおもちゃについてお悩みなのでしょうか？　とても極端に聞こえると思いますが、原則として、「作られたおもちゃは必要ない」と、わたしは考えています。以前にもブックレットの本文に書きましたので、重複するかもしれませんが、繰り返しご質問をいただきますので、書きますね。

　わたしたち大人にとって、子どもを育て教える時に、もっとも大事なことは、「子どもをよく観る」ということです。いつも身近な例ばかりで申し訳ないのですが、こんなおかしなことがありました。わたしには東京に暮らす孫がひとりいます。生後6ヶ月になる女の子で名前を「大村野々香《ののか》」と言います。先日、両親に連れられて、はじめてわたしを訪ねてきてくれました。野々香はなんの不足も不満もなく、いつも機嫌良くしている子どもでした。長旅を終え、家に着いてほっと一息つくと、お母さんが「野々香のおもちゃ袋」から、おもちゃを取り出しました。何がでてきたと思いますか？

黄色とオレンジ色の派手なデザインの、チューブ入りの芥子《からし》の空き箱でした！　驚いているわたしを見て、お母さんは「これが今、野々香のいちばん気に入っているおもちゃなんですよ」と言って、野々香の手に渡しました。野々香は喜んでそれを受け取ると、口にくわえたり、なめたり、振り回したり、叩いたり……ありとあらゆることをして遊んでいました。そんな野々香を見て、わたしがどんなに笑ったか！　皆さま、想像がつきますか？　「極彩色《ごくさいしき》で、とってもシュタイナー的とは言えませんけどね。でも、野々香はとっても好きなんです」って、お母さんは澄ましています。

　それから野々香はここにいる間中、どこに行ってもその芥《から》子《し》の空き箱を握りしめ、振り回していました。その嬉しそうな顔！　その他にわたしが発見した野々香の好きなもの……ひも、リボン、めがねのケース、毛糸玉、お母さんのハンカチ……いいえ、手で触れることができて、掴《つか》むことができて、手の中でごにょごにょできて、口に入れて啜（すす）れる物なら、どんな物でもいいんです！　でも、野々香が何よりも好きなのは、お父さんのおっきな膝《ひざ》と、ぽわぽわしたお母さんのほっぺのようでしたよ。

　ご存じのように、子どもにとってはどんな物もおもちゃになります。目に入るすべての物がおもちゃになります。ですから、子どものまわりからおもちゃにして危険なものを取り除いておいたらいいのです。そうしたら、お母さんも安心して、子どもが気に入った物ならどんな物でもおもちゃとして使わせることができますね。

たとえ、今、極彩色の芥子《からし》の空箱を喜こんでいても心配することはありません。成長するにしたがって、子どもは美しいものに惹《ひ》かれてゆきます。美しく、手触りのよい布、木、毛糸、陶器、ガラス……子どもの内に物を慈《いつく》しむ心が生まれてきたら、例えば一年に二度、誕生日とクリスマスに美しいおもちゃをプレゼントしたらどうでしょう？　きっとその日は子どもにとって特別な日になるでしょうね！

　おもちゃに触れることによって、子どもは世界に出会います。世界が信頼できるところ、愛に満ちたところ、温かいところと子どもが感じることができるのは、彼らが出会ったおもちゃの力によります。また、子どもはおもちゃに没頭します。没頭できるおもちゃがいいのです。没頭できるおもちゃ……簡単なもの、子どものイマジネーションによって何にでも変わるもの……ですね。できあがったおもちゃは変えようがありません。すぐに飽きてしまいます。

　覚えていらっしゃいますか？　わたしたちが目指している「精神の進化」は、自分自身より他者を大切にすること。他者に帰依することによって遂げられると学びました。帰依することとは、我を忘れて没頭することです。わたしたちが今、「精神の進化」を遂げようとしているその礎《いしずえ》は、子どもの頃に遊んだおもちゃの力に負うものなのです。おもちゃに没頭した、その帰依する力によって養れました。

シンプルなおもちゃほど、子どもたちの手先を起用にする、手先を動かすと頭脳が発達する……そういうことは、お話しするまでもありませんね。皆さまのほうがよーくご存じのことでしょう。

Q　しつけの面で、「今ここで教えておかないと……」と厳しくしてしまう。玄関で靴をそろえる、みんながそろうまで食事しない、あいさつをする、出したら後かたづけをする等。この時「だめ」をたくさん言ってしまう。どのようにかかわると、子どもにとって苦痛じゃないのか、知りたいのです。

（大阪府／山内　恵さん）

A　山内さん、わたしも「だめ」をたくさん言って、子どもを育ててしまいました。……躾《しつけ》をするとき、どのようにすれば子どもにとって苦痛じゃないか……。山内さんは子どもの側に立って考えられる方なのですね。あなたのようなお母さんに育てられて、お子さんは幸せですね。

子どもが苦痛に感じないようにする躾の方法……それは、ユーモアと想像力を駆使することではありませんか？　どなたもご存じと思いますが、子どもは笑っている人を見るのが大好きですね。傍《かたわら》にいる人が、声を出して笑うと、子どもも笑います。とっても嬉しそうに！　子どもにとって何がおかしいのか、なにがおもしろいのか、あなたがなぜ笑っているのか、なんていうことはぜんぜん問題ではないのです。ただただ、あなたの笑顔、あなたの笑い声、笑っているあなたの幸せそうな様子、笑い声がつくる暖かい空気……それが子どもを幸せな気持にするのです。大人だって、笑っている人を見ることは嬉しいものですね。笑い声を聞くと、意味も分からずつられて笑ってしまいますものね。

……子どもの躾は「笑い」の中で……をモットーにしましょう！

靴を脱ぎっぱなし……いやですねえ。でも、顔をしかめるのはちょっと待って！「笑い」を忘れてはいけません！「ちかこちゃん、ちょっと見て！　靴がおかしなかっこうしているわよ。八の字の靴がいるわ！　この靴を履《は》いていた人は、こんな格好で歩いていたのかしら？（足を大げさに八の字に開いて歩いて見せる）うふふふふ。「こっちの靴は前と後がこんなに空いているわ。こんな靴の脱ぎ方してる人って、どんなふうに歩いているのかな？　こんなふうかな？（両足を前後に開いたまま、ぴょんぴょん跳ねる）えへへへへ。靴を脱いでからこのまんまにしておくと、ちかこちゃんもお母さんもこんな歩き方になっちゃうから、ちゃんと揃えましょうね。……一件落着！

……**みんなが揃うまで、食事をはじめるのを待つ**……ですね。

「ねえ、よっちゃん、知ってる？　わたしたちが使っている箸はね、わたしたちと同じように、みんな家族なのよ。それでね、よっちゃん、わたしたちが箸《はし》を使ってものを食べるときね、わたしたちが食べものを口に入れるその瞬間、箸もちょこっと食べるんですって。ああ、心配しなくてもいいのよ。箸が食べるのは、たしたちの目には見えないほどのほんの少しの量だから……。

よっちゃん、わたしたち家族はみんな仲良しよねえ。箸の家族もとっても仲良しなんですって。だから、ご飯を食べるときも、みんな一緒にたべたいんですって。わたしたちが、おばあちゃんが来る前に食べ始めてしまったら、おばあちゃんの箸は悲しいのよ。だって、よっちゃんの箸はおいしそうに卵焼きを食べているのに、おばあちゃんの箸は食べられなくて、黙って見ていなければならないんですものね。だから、よっちゃん、箸の家族もみんな一緒に食べられるように、おばあちゃんを待っていましょうね。

……あいさつ……

むかし、むかし、とおい海のそのまたずーっと向こうに、ちいさな島がありました。小さな島ではありましたが、そこにはいつでもお日様の光がそそがれ、すずしい海風がふき、ときおり澄んだ美しい雨がふりました。島のひとは、そんな恵みに与《あずか》って、しあわせに、なかよく暮らしていました。

あるとき、熱い風が、大雨といっしょにやってきて、島をすっぽりおおってしまいました。そして、1週間たっても、2週間たっても、その熱い風と大雨は島から去っていきませんでした。

島のひとたちは困ってしまいました。すずしい風は熱い風におそれをなして、椰子《やし》の木のてっぺんから下りてこようとしません。島には焼け付くような熱い風が吹きつづきました。お日様もふりつづける大雨に遠慮して、ちっとも顔をだしません。島のひとたちは、すっかり元気をなくしてしまいました。みんなどうしてよいか分からず、首を振り、腕をくんでは「あーあ」とため息をついたり、「うーん」とうなって空を見上げるばかりです。

その島の西側に、ちいさな祠（ほこら）がありました。そこには、知恵のある神様が棲《す》んでいました。困ったことがおきると、村人はその祠にお酒を持って行き、神様に、たすけていただくようお願いするのでした。「こんなに熱い風と大雨が続いていたら、そのうちきっと病人がでるだろう」。そう考えて村の長（おさ）がお酒を持って祠に行きました。そして、神様に一部始終を話し、「どうぞ、おたすけください」とお願いしました。

祠《ほこら》の神様は、村の長《おさ》がもってきたお酒をおいしそうに飲みながら、話を聞いていました。そして、言いました。「おまえたちは、その熱い風の神様と大雨の神様に、あいさつしたのかな？」

そう聞かれて、村の長はすっかりあわててしまいました。そんなことは考えてもいませんでした。「いやな熱い風をふく神様と、ねばねばした雨をふらせる神様にあいさつをしたか、だと？」……そんな村の長の気持ちを見抜いた神様は言いました。「だれとでも、出会ったときにはあいさつをするものじゃ。それは、相手を大事にし、相手を認めることだからのう。たとえ、相手がいやな風をふかそうと、困った大雨をふらそうと、あいさつはあいさつじゃ。なにごともあいさつをすることから始まる。年とった村の長のおまえが、そんな大事なことを忘れていたのでは困るのう。今からでも遅くはない。早く戻って、熱い風の神と、大雨の神にあいさつをするがよい。そうしたら、きっと、機嫌をなおして海の向こうに消えていくじゃろう」それを聞いた村の長は、大慌《おおあわ》てで村に戻りました。そして浜に村人を集めてこう言ったのです。「わたしたちは大切なことを忘れておった。熱い風の神様と大雨の神様にあいさつすることを忘れておった。さあ、今から、ていねいに心を込めてあいさつするのじゃ」

そして村人たちは浜に坐り、心をこめて言いました。「熱い風の神様、大雨の神様、ようこそわしらの島へお出くださいました」と……。

不思議なことに翌朝、人が目を覚ますと、島にはお日様の光がそそがれ、すずしい海風が吹いていましたとさ。

あとで聞いたらね、よっちゃん。熱い風の神様と、大雨の神様は、その島の上をほんの一時（いっとき）で通り過ぎるつもりだったんですって！　でもね、通りかかったとき、だれもあいさつしてくれなかったから、そんな失礼な村のひとを、ちょっと困らせてやろう、って思ったんだそうよ。だれだって、知らんぷりされたらいやですものね。……おしまい。

山内さん、「躾《しつけ》はユーモアと想像力で」の合い言葉を忘れないでくださいね。お子さんと良い人生が送れますよう、祈っています。

「ひびきの村」とは

シュタイナー教育で知られるドイツの思想家ルドルフ・シュタイナーに倣い、「共に生きる」試みを続けていたら・・生きるために必要な最小限のエネルギーを自然界からいただき、生活に必要な物はできる限り自分たちの手で作る。お年寄り、子ども、そして力の弱い者を大切にし、皆が支えあって生きる・・ということに行き着きました。「ひびきの村」はそんな生き方をしたいと願う人々の村です。牧草が生える小高い丘の上にある村は、噴煙をあげる勇壮な有珠山、初々しい山肌を見せる昭和新山、蝦夷富士と呼ばれる羊蹄山、美しくたおやかな駒ケ岳に囲まれ、目の前には穏やかな水面を見せて噴火湾が広がっています。

入道雲が顔を出す丘

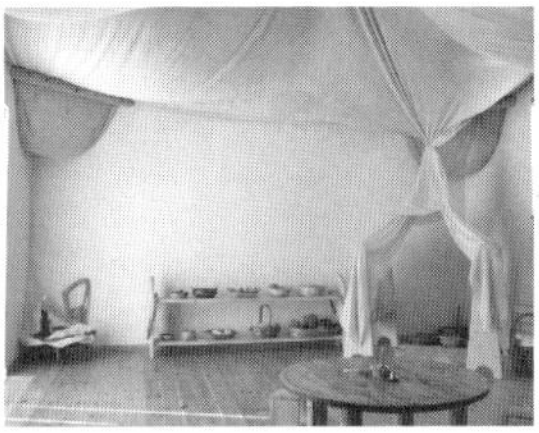
美しく整えられたナーサリー

カレッジの教室

ミカエル・カレッジ

おとなが学ぶ学校です。美しい自然の中で共に学び、共に生きる人々と深く関わりながら、ルドルフ・シュタイナーが示す人間観と世界観を学び、それを日々の生活の中で実践する力を養います。そして、生きることの意味と自らの使命が明らかになることを目指します。

- **自然と芸術と人智学を学ぶコース**
- **シュタイナー学校教師養成コース**
- **シュタイナー治癒教育者養成コース**
- **シュタイナー農業者養成コース**
- **シュタイナーの絵画を学ぶコース**

ピアノの向こうに広がる草原

ラファエル・スクール

―教育が治癒として働き、子どもがありのままの自分でいられる学校―

ルドルフ・シュタイナーの人間観をもとに、子どもの様々な個性に応えるシュタイナー治癒教育を実践する学校です。障害の有無に関わりなく、どの子にも治癒教育は必要と考え、統合教育を目指しています。そして、子どもたち一人ひとりに備えられた力が十全に育っていけるように、「ひびきの村」の恵まれた自然の中での野外活動と芸術活動を大切にしながら、専門家と協働しています。子どもたちは「ひびきの村」で暮らすすべての大人に見守られ、愛されながら、「生きることってすばらしい！」「人と共に暮らすことっていいな」「学ぶことって楽しい」と心から感じられる毎日を過ごしています。―**子どもたちができないことを数え上げて、「・・だから、わたしには教育できない」と考えるのではなく、「・・だから、わたしはこの子と共に生きよう」と決める**―というルドルフ・シュタイナーのことばを、わたしたちの教育活動の礎としています。

フォレストベイ・ナーサリースクール

3歳から6歳のこどもたちのための、シュタイナー幼児教育を実践する保育園です。美しい自然と動物、信頼し愛するおとなに守られて、子どもたちはのびのびと成長しています。

サマープログラム

夏！丘の上をそよぐ風に吹かれ、太陽のぬくもりに温められ、慈雨にあたり、ほんとうに心にあることだけを話し、聴き、行う。1年に一度、心と体を洗濯しにいらしてください。

プログラム内容

「ひびきの村を体験する」「シュタイナー学校の授業を体験する」「子どもの成長と発達とカリキュラム」「シュタイナー幼児教育」「シュタイナー幼稚園と学校の運営」「オイリュトミー楽しむ」「言語造詣を堪能する」「音を創り、聴き、楽しむ」「シュタイナー家庭の医学」「ホメオパシーとシュタイナーによる治療」「治癒教育者養成講座」他。関心、興味に応じてお選びください。中高生のためにはキャンプを、また幼児、小学生のためのプログラムもあります。ご家族そろってお出でください！

こだまする子どもたちの声

村の中を行き交う人・人・人

ゆっくり・のんびり滞在

あなたは・・たまにはひとりになりたい。自然の中で何もせずゆったりと過ごしたい。温泉につかって一日中ぼーっとしていたい。ゆっくり考えたい。心ゆくまで潮風に吹かれたい。明るいおひさまの光の中でお茶を飲みたい。木陰で鳥の声を聞きながらお昼寝をしたい・・のですね。いつでも「ひびきの村」にいらしてください。ビジターハウスもあります。自然素材を調理したお食事も用意しています。おいしいお茶とお菓子もあります。

風にゆれるひな菊

ビジタープログラム

短期間の講座受講、学校見学、ボランティアワークなど、いつでも、どのような形でもお出でいただけます。ご希望に沿ってスケジュールをお作りいたします。ご相談ください。

ウィンディーヒルズ・ファーム

シュタイナー農法（バイオダイナミック農法）を実践しながら、野菜、麦、ハーブ、加工品、放し飼いの鶏の卵を販売しています。太陽、月、星々の運行が生み出す壮大な宇宙のリズムに従って成長した作物は、生命の力に満ちて生き生きとしています。

のんびり草を食む馬

えみりーの庭

「ひびきの村」で作られたお茶、入浴剤、ジャム、パン、クッキー、草木染の数々、またシュタイナー教育の教材、世界中から集められた手作りクラフトなど美しい品々、書籍、レメディーなどを販売しています。通信販売もしています。

【お問合せ】　ご質問などございましたら、ご遠慮なくお問合せ下さい。
「ひびきの村」事務局　〒052-0001　北海道伊達市志門気町6-13
電話 0142-25-6735　Fax 0142-25-6715　E-mail : info@hibikinomura.org
Home Page : http://www.hibikinomura.org　（２００８年８月現在の情報です。）

READER' ROOM

読者のお便り

「シュタイナー教育に学ぶ通信講座」第2期も、今号で最終号です。1期、2期それぞれを通じ、ご自分の中でどのような変化をお感じになったでしょうか？ お便り、アンケートから、読者の皆様の声をひろいました。

真理は人に使命を与える

通信講座という、定期的に発刊されるメディアで、「同じく学んでいる方がいるのだ」との思いに自ら励まされます。また、他のシュタイナー関係の翻訳本に比べ、大村さん自らの思いで進めているので、一人でも読みやすく勉強会などに集えない方々もよろこんでいることと思われます。

以前より、思春期とは反抗期？ と感じ、答えを探しておりましたところ、ここに見つけ、この4月より教員となる私に、子どもたちと向き合う勇気をくれました。正しい認識＝真理は人に勇気を与える。真理は人に使命を与える、と考えるようになりました。

（兵庫県／平井孝芳さん）

◆

平井さん、この4月から教員人生をスタートされるのですね。あなたのその使命に充実した日々が訪れますよう。どんな先生になるのか、とても楽しみですね。この大村さんと共に始めた通信講座は、大勢の子どもたちを育てる現場の先生方へ送る励ましになれば、実践論となれば、との思いも持っていました。

教育に軸（背骨）が失われています。戦前の日本に回帰することでなく、グローバルな時代にむけた、新しい未来像を、若い先生方がシュタイナー教育から発見してくれれば……との気持ちで一杯です。自由で自立した子どもたちを育ててあげて下さい！ （編集部）

少しでも人の世に……尽したい

この通信講座のおかげで、シュタイナー思想が具体的で、日々の生活の中に生きる感情や思い、振る舞いに意識的に関われる手段や方法が示されました。実りある知識であり、生きている、生きづく生命体としての言葉の存在感を覚えて、シュタイナーや人智学徒に畏敬の念を強く促されています。大村さんと同じ第8期を終えようとする私にも、精神の進化を求め続けるうちに、少しでも人の世に尽せることがあるであろうと希望に燃えています。

（埼玉県／渡辺宏さん）

◆

うれしくなります。この講座、ブックレットシリーズ……本当に皆さまへの「力」となって浸み込んでいるのが、文章の中から伝わってきました。かくなる私、柴田も第8期を終えようとしています。「世直し」を自分自身に問いかけて、第3期の出版にも総力をあげてゆく決意でいます。渡辺さん、ぜひご一緒に学びましょう。

（編集部／柴田）

子どもたちに畏敬の気持ちが持てた…

大きい点でいうと、自分の存在に到るまでの地球での出来事に思いをめぐらせ、現在の自分の使命とは何か、とか、自分は今、人生のどの地点で何を学びとろうとしているのかという考え方をするようになりました。

そして、自然に子どもたちに（3人）対しも畏敬の念と感謝の気持ち（生まれてきてくれたことに）、愛しい気持ちも大きくなってきたように思います。

第3期への提案として、日本人の特質（気質や宗教観など）、日本の各方面でのリーダーに必要な条件、これからの日本はどうなるのか、ITが人類に持たらすもの、世界が調和するために必要なことは？ 地球環境はどうなるのか？ などをテーマにしていただければと思います。

（東京都／青木玲子さん）

◆

青木さんがお感じになった、そして、この講座に学ぶ多くの皆さまが同じ気持ちだと思われますが、「子どもへの畏敬の念」…これさえ失わなければ、幼児への暴力や虐待といった、各地で起こる不幸な事件は無くなる、と私は思います。どうか、回りの皆さまに、皆さまの「力」をどんどん分けてあげて下さい。少しでも、そうした不幸をへらすことができるよう、一人ひとりのできる範囲で、できる方法で何かをしてゆきたいものです。わが子も人の子も、子どもは地球の、未来の宝です。

（編集部）

夫と共に涙しながら…

「子どものため」に考えていることは、実は「私のため」なのだと、つきつけられました。義母との関係について、私の感情のあり方を深く考えさせられました。深く深く考えさせられ、そして夫にそのことを話し、夫に本質をつきつけられ、過去に戻れないことを知り今、まさに今、今日から、今から、ではどうしてゆくか、を夫と共に涙を流しながら考えることができました。

毎日毎日が試練であり、精進しようと努力しているところです。

義母と義父、義祖母と夫と子どもの生活の中で、心がザワザワする時が多いことに気づきはじめました。精神に生きることの毎日のエクスサイズを深く深く掘りさげて欲しいです。

（京都府／匿名さん）

講演会（神戸）のアンケート

はじめてシュタイナーに関する講演会に参加すること、そしてそれが、私がはじめて読んだシュタイナーに関する本「わたしの話を聞いてくれますか」の著者の話……ということで、すごく楽しみにしてきました。本で読むよりも、やはり生の声を聞けるということは、とても心にしみました。次回は、ひびきの村で、どんな活動をしていらっしゃるのかくわしく聞けたら……と思います。時々涙がでてきそうでした。

P.S. 大村さんはどんな方だろう……と思っていました。とてもふつうの方なのが印象的でした。私の母と同じ年ということもあってですが、母のようなあたたかさを感じました。オーラというか…。お子さんとの、電車の中で夕陽を見ていたエピソード、涙が出そうになりました。

最後ほうで、「こんなふうに悩んだり、考えたりしてらっしゃる方が、たくさんいらっしゃるんですね。きっと自分が変われば、まわりが変わり、まわりが変われば、いずれ日本も変われる……とおっしゃっていらっしゃったのがとても印象に残りました。あぁ、分かってくれてるんだなーって。私にすごくパワーを与えてくれました。講演がおわったあとも、快くお話を聞いてくれたり、疲れていらっしゃる中、本当にありがとうございました。やっぱり、すごい人ですネ。

（兵庫県／淀川直美さん）

◆

MYさん、神戸の会場においでいただいたんですね。ありがとうございました。

講演会は、大村さんの素顔に、一人でも多くの皆さまにお会いいただこう、との主旨でできる限りの時間をさいていただき、開催しています。この春は、4月28日の千葉、29日の東京、30日大宮、5月1日名古屋をもって今年度前半の終了となります。秋にはまた改めて大村さんの体調、ハードスケジュールと相談しながら、まだ訪れていない地域で開催をしてゆく予定です。

すでに、長野や熊本、仙台などからご要望が上がっています。できるだけ何日間かのツアー形式で行う予定です。できましたら、お早めにお申し出下さい。当社、ほんの木で全面的に主催をさせていただく形式で、皆さまにリスク負担をおかけしないやり方も可能です。ご相談下さい。

ある時、突然霧が晴れて

初めの頃は「子どもへの教育のために」という気持ちだけで、「いいとこ取り」をしようと思っていましたから、シュタイナー思想に基ずく生活を実践する大村さんのお話は、時に重すぎると感じました。また、思想を学び実践するということに対し、「思想に染まる」という良くない印象を持っていました。

今は、子どもを教育するなら、大人はその手本であり、一番近くにある影響の大きな環境であると考え、自身がもっと学びたいと思っています。ずっと心に引っかかっていた親との関係について、ある日ある時、突然に霧が晴れてしまったのは、通信講座で学んだ影響だと思います。（千葉県／合田由起子さん）

〝私の考え〟を持って実践する

漠然としていますが、ブックレットが届くと、いつもその中に今、自分が悩んだり考えたりしていることへの答えの手懸りがテーマになっていたりするので驚きます。それから〝自分の頭で考える〟ということが少し身についてきました。シュタイナーや大村さんがこう言っているからと鵜呑《うの》みにするのではなく、〝私の考え〟を持って実践することが大切だと思います。私は自分が心地よいと思う生き方とシュタイナーの考えがぴったり合っていたので続けているのだと思います。

（徳島県／二木尚美さん）

生活の全てにシュタイナーの考え

とても感じていることは、14歳の娘との関係がおだやかになってきているということです。通信講座で学ぶ前は、とてもイライラして、娘の気持ちを考えず、自分の感情や都合で接していたと思います。通信講座が始まると同じ時期に末の息子がシュタイナー教育を実践している保育園「こどものにわ楓《かえで》」に入園したというのも、もちろん大きいのですが、講座から学び取っていることも確かだと思います。コレというものはありませんが、生活の全てにシュタイナーの考え方の影響があることにまちがいありません。

（大分県／荻本雅子さん）

今日は中3の長男の公立試験日

とにかく積め込みなさいとか、死ぬ気で勉強しなさいとか、ここ数週間子どもに言っている私がいます。見える形で結果を出さなければいけない受験に「シュタイナーを学ぶ」方たちはどう対応しているのでしょうか？大村さんはどうされたのでしょうか。今、一番お聞きしたいことです。あとふたりの子どもたちの時も、この状況を繰り返すのかと思うと気が重いです。（埼玉県／井上弘美さん）

社会をより良い方向へ変えたい

以前は、わが子のためにより良い子育て、教育を、という意識が強かったが、通信講座や他の勉強を通して、自分自身が社会をより良い方向へ変えていきたい（社会の変化の流れの中の、ほんのひとしずくでもいいから）と強く願うようになりました。でも、私がテレビをあまり見せないので、息子は友だち付き合いに少し緊張感があるようで、私がシュタイナーにのめり込んだことが息子の現世的な幸せ（？）を奪っているのかもしれないと思うと、日々悩ましいです。皆さんどうやって折り合いをつけていらっしゃるのでしょうか？

（京都府／匿名希望さん）

心の在り様が少しずつ変化して

私たちを取り囲む、今現在の世界、社会、環境、過程をありのままに受け止め始めている。今まで批判的、否定的になりがちであった心の在り様が、少しずつではあるが変化しているのを感じる。（東京都／匿名希望さん）

人を愛するというのは努力が必要

今月号のペタゴジカル・ストーリー、とてもよかったです。大村さんの体験が今の私に似ていて、思わずペンを取りました。

私も、もうすぐ2歳になる息子の母ですが、生まれる前までは「お腹を痛めて生んだ子が可愛くないわけがない」と思っていました。初めて我が子を見た時、本当に可愛いと思いました。でもこの2年間のほとんどの時間、「私を独身に戻して」「一人の時間を持ちたい」etc.と考えている自分に気付き、この頃本当に我が子を愛しているのかという疑問を持ち続けていました。また、このままではこの子が大きくなって「オレのこと本当は好きじゃないくせに」と言われるのではという恐れも持っています。

話は変わりますが、ある雑誌の特集で、「見栄《みえ》にひそむもの」という話があり、私はつくづく自分の見栄、自己満足のために子どもを利用していたんだなあと思いました。そして今月号の大村さんのお話、「人を愛するというのは努力が必要」なのですね。

様ざまなシュタイナーの本を読んで、愛について分かったつもりでいましたが、まだまだいろいろなことを学ばなくてはと思いました。息子はまだ2歳、言葉もたどたどしいのに「イヤだ」だけはちゃんと主張してくれます。思い出すと、私が世間に対して、周りの身近な人に対して、そして自分に対して、よく見せようとした時に「イヤ」を言ってくれる息子に感謝です。（秋田県／近江純子さん）

つらい事、悲しい事に出あう時

いつもシュタイナー思想のことを考えている訳ではなく、ついつい日常の忙しさの中でまったく忘れてしまっている時もあります。でも何か辛い事、悲しい事に出くわした時、ふと目についたこのブックレットを読み、救われる思いをすることがありました。そしてすべてを受入れて乗り越えてゆこうと、また元気が出てきたこともありました。子どもたちとの関係も、ついつい教育ママ的になることもあるのですが……。後で反省するばかりで、なかなか難しいですネ。

（大阪府／四宮美幸さん）

私も胆汁質です

大村さんの解釈や物の考え方が自分にとても合っているし、私も胆汁質で本当に似かよっている部分があって、「わかってくれている人がいるんだ」という安心感が出てきました。あまり〝子育て〟と気合いを入れずに、自分も育ててゆこうという気持ちが、とても強くなりました。（埼玉県／鹿内双美代さん）

トラブル発生!!

子どもに感情的にならず、冷静にみれるようになった。自分自身、いけなかったことなど、よく反省するようになり、子どもにもすぐにあやまるようにした。夫との子育ての考えが食いちがうことがますます増してきて、トラブル発生!!　（岐阜県／匿名希望さん）

つらくなることも多いです

特にこの講座で、ということではないかもしれませんが、同じように問題意識を持っている人が多いと知り、勇気づけられました。

子どもとの関係では、かえって矛盾を感じたり、自分の育て方、言葉がダメだなあ、と反省して辛くなることも多いです。

（東京都／佐藤亜古さん）

シュタイナーをさらに学びたい

自分のことで精一杯。気遣いが足りないなと思うことが多い。落ち込むことがあると、家族に当たったりする。子どもの頃から自分を変えたいと思っていた。体験したり、本を読んだりするが、今だに同じことで悩んでいる。進歩がない。プラス思考でとか、嫌なことは忘れよう、知らんぷりをして気持ちを落ち着かせようとごまかして来たように思う。シュタイナーにめぐり会え、今大切に思っていることが書かれていると思うので学びたい。

（千葉県／匿名希望さん）

怒ることが少なくなりました

この講座を始める前は、シュタイナーを子どもの教育方法としてしか考えていませんでしたが、ゲーテの自然観察などを知り、自分の中の成長という面で勉強する様になりました。また、人との関係の中で少し引いて相手を見られる様になり、怒ることが少なくなりました。

（山梨県／匿名希望さん）

私の具体的行為に変化が…

我が子をより良い教育法で育てたいという

母親の皆さんや、我が子をどのように育てたらよいのかわからずに苦しんでいる母親の皆さんが、いかに多く、また深刻なのかをこの講座と身の回りとに照らし合わせて認識することができる。この認識によって、私の具体的行為に変化が生じつつある。

（愛知県／下山いつきさん）

子どもというものの捉え方

私はまだ結婚していず、子どももいませんが、〝子ども〟のいる空間の温かさや、子どもがもたらしてくれる気付きに興味を持ちました。子どもは時として人間を大人にしてくれる大切なそして小さな〝人生の師〟なのかもしれないですね。（東京都／高坂美幸さん）

娘にとってのよい環境になろう

保育園や幼稚園選びに悩むよりも、まずは自分が娘にとってよい環境になろう、と思えるようになったこと。それまでは、できればシュタイナー幼稚園に入れたい！ などと幼稚園におまかせしようと無意識に思っていたと思う。（北海道／匿名希望さん）

◆

皆様、思い思いのご感想をありがとうございます。もっともっと大勢の方々をおのせしたいのですが、誌面の制約で失礼致します。

東京都の高坂さん、独身でいらっしゃるのに、そこまで深い想いをめぐらせるご感想、うれしくなりました。愛知の下山さん、具体的行為の中身を今度ぜひ教えて下さいね。岐阜の匿名さん、トラブル、その後はいかがですか？ この講座は、結婚をされ、お子さんを持つ方々が圧倒的に多いと考えられます。この2年間、たくさんのお母さん方から、夫婦間でのシュタイナー教育への認識のズレ、違い、などが聞こえてきました。編集部としてもいつかこのテーマをもっと突っ込んで、世の男性に向け、語りかけたいなあ、と思っています。独身の方、ごめんなさい。もう充分認識してるよ、とおっしゃる男性にも、ごめんなさい。

京都の匿名さん、東京の匿名さん、おふたりとも、社会との関わりにも目を向けていらっしゃいますね。ご自身のことや、お子さんのことを通して見えた、この世の中の不正義や不公正、矛盾にも私たちは目を見すえて、より良いあり方へと努力を傾けたいと思います。小社、「ほんの木」が、大村さんと出会い、お互いに確認し合ったのも、平たくいえば「世直し」というキーワードだったのです。ぜひご読者の皆様、一緒に……。

埼玉県の井上さん、試験はどうでしたか。とっても大変なシーズンだったでしょうね。早速、今月号のQ&Aコーナーで大村さんに回答していただくよう、お願いしました。同じような悩みを抱いて、お子さんの受験で苦労されている大勢の皆さんのためにも……。

合田さん、二木さん、この通信講座で得られた学びが文章の中に込められています。他のアンケートをお送り下さった皆さんの内容も同じように、心に残るものばかりでした。第2期ありがとうございます。

第3期へも、ぜひもっと沢山の多様なご意見、ご感想やアイディアをお寄せ下さい。

このシリーズの内容、本当に素晴らしい。でも、「通信講座」という表現は……？

最新の「シュタイナー教育に学ぶ通信講座」をお受け取りしました。ペラペラめくって、P128の「通信講座」という表現についての箇所を今読んだところです。

大村さんとほんの木さんは、きちんと言葉の意味を選び抜かれて「通信講座」をお決めになったのですね。よく分かりました。私は第1期第1号を書店で初めて見つけた時（あっ、シュタイナーの新しい本がある！ でも通信講座なら締め切り日までにレポートや課題を提出するのか…それじゃあ、やめておこう…）と思いました。結局、レポートや課題提出などないと分かり、定期購読させて頂くことになりましたが、より多くの人に読んで頂くためにも、不要な誤解を与えてしまう表現は、おやめになったほうがいいかと思います。タイトルって大事ですよね。私がした様な反応を起こす人を減らす（今、沢山いるという訳じゃないですが…）ために、来期は別の名前になさっては？ でもこのシリーズの内容は本当に素晴らしいです!!

（京都／N.Tさん）

◆

前号のP128、「通信講座」という用語の使用について、おふたりめの「やめるべき」というお便りをいただきました。ご意見をありがとうございます。私共も、定期的に発刊するシュタイナー関連のニュースや情報誌ならば、あえて「講座」を使うつもりはありません。しかし、明確に大村祐子さんのシュタイナー教育論を、独創的な表現と内容で「共に学ぶ」という視点から発刊しておりますので、やはり「講座」という「学び」合いのメディアにふさわしいと思います。逆にそのほうが、通信購読（実読者のうち89％が通信購読でお届け中です）で、それぞれがそれぞれのあり方で購読していただくためには、このブックレット・シリーズ本の「意味するところ」（共に学ぶこと）が共通理解できるものと考えています。

世の中には、添削を伴う講座（通信教育?）もあるようですが、「講座」にはそれがなければならないというルールはありません。私たちは私たちなりの出版の形態に基づいて、ご理解と読者を広げてゆければと思ってスタートし、また現在もそう確信しています。もし、他に大勢のN・Tさんと同じご意見、お考えの方がいらっしゃいましたら、何卒、第3期も「講座」という表現にこだわって、学び合うスタイルのメディアを刊行いたしますのでぜひよろしくご理解下さい。勝手な発行元のこだわりと言い分で本当に申しわけありません。

さて、第3期のご案内でお知らせいたしましたが、当初のスタート予定の6月15日が、大村祐子さんの準備等のため、9月1日スタートに変更となります。悪しからずご了承下さい。その間、私共も2年間の第1期、2期をふり返り、読者の皆様のメッセージをもう一度しっかり受け止め、第3期の「大人のためのシュタイナー教育講座」に入りたいと考えています。

投稿、アンケート、アドバイスや全国で様ざまに行われているシュタイナーの活動などを、幅広く積極的にお寄せいただければ幸いです。皆様の参加型メディアへと少しずつ変身してみたい、などという願望もあります。

お互いに購読の会員同士、「シュタイナー思想・教育」という共通の想いで、この講座がくり広げられています。ぜひ皆様のお考えや、声を発信して下さい。お待ちしております。読者のコーナーを充実させ、「語り合いの広場」にさせたいと考えております。第3期も、あて先は、〒101・0054 東京都千代田区神田錦町3の21 三錦ビル2F

ほんの木編集室℡03・3291・5121
Fax 03・3295・1080
e-mail info@honnoki.co.jp
通信講座「心の教室」
ホームページ http://www.honnoki.co.jp

★おわび

第2期5号（前号）72頁に、私共の校正ミスがありましたので、おわびと正しい内容を記述させていただきます。

上段8行め「49歳から56歳という人生の第7期」は第8期の誤まりです。

上段11行め「人生の第7年期」は8年期、15行め「42歳から49歳の人生の第6期」は第7期、上段最終行「そして、第7期」は8期の誤まりです、それぞれ訂正いたします。

読者の皆様、そして大村さんにご迷惑をおかけしましたことを、心よりおわび致します。（いつもながら、すみません）

編集室だより

2年間のご購読に深く、感謝

第1期第1号を1999年6月1日に発刊してから2年が経とうとしています。早いものです。皆様はどんなことを学ばれたでしょうか。「この通信講座に出会えてよかった」とお感じになっていただければ、出版人としてこんなにうれしい仕事はありません。

正直、大村さんとスタートする時に話をしたのは「500人ぐらいの方は何とか入会してくれるのでは？」という誠にささやかな始まりでした。全国的にこれほど広く話題にされ、講演会にお集まりいただき、そして夏には「ひびきの村」へ数百人もの方々がお出かけになる状況は、正直、全く想像すらしていませんでした。大村さんに、そして本をご購読の皆様に深く感謝申しあげます。

何といっても会員の皆様のクチコミと、リーフレットの手配りを協力していただけたことが、大きな志を広げる軸となりました。大村さんへ「ひびきの村」への強いご支援があればこその結果だと感じます。今号でも書かれていますが、大村さんと「ひびきの村」が人智学の架け橋を、日本とカリフォルニアとの間につなぐことができますよう、更なるご援助をよろしくお願い致します。また、私たちもささやかですが、シュタイナー教育の広がりにむけて今後も可能な限り工夫をこらし、努力を続けたいと考えております。ご一緒にぜひ活動を高めてゆければ幸いです。

この通信講座で学ばれ、沢山のご家族が、「ひびきの村」へご一家で移住されました。出版元として身の引きしまる責任すら感じます。皆様の志が達成でき、よりよい実りとなりますよう心よりお祈りしております。

ともあれ2期の「子どもと大人の問題」をテーマにした通信講座は今号で終了し、第3期は9月1日発行号から「家庭で学べる、大人のためのシュタイナー教育講座」を開始いたします。新しい学びの場をお楽しみに。

●おわび

「ほんの木」得意のおわびです。

まず、今号の発行に関し、約2週間近く遅れてしまいました。心よりおわび申しあげます。大村さんの原稿にもありましたが、この冬の北海道は例年になく寒さが厳しく、その上、超ハードなスケジュール、さらに講演会と通信講座の原稿執筆、スクーリングレポートの校正など、疲労がたまり、大村さんは若干体調を崩されてしまいました。従いまして大事を取り、第6号の発行を遅らせました。

また、スクーリング・レポート、これも約半年近く遅れていたのですが、最終的に5月中にお届けできるところにこぎつけました。お申し込みの皆様には、ご心配とご迷惑をおかけし、重ねておわび申しあげます。なお、書店に於ても販売をすることになりましたが、書店小売り価格2200円（税別）に対し、会員の特別価格は、送料・税込み2000円ですので、価格は当初予定通りです。

3つめに、通信講座第3期のスタートを、9月1日発行とさせていただきます。2月15日号予告等で、6月15日としてしまいましたが、大村さんの充電期間の必要性及び、サマープログラムへの準備等のため、ご理解下さいますようお願い致します。なお、お申し込みはすでに受け付けを開始しておりますので、どうぞお早めにご入会下さい。

◆　◆　◆

4月末〜5月の講演会についてのご案内を、4月15日発行時に行う予定でいましたが、今号の発刊が4月末にずれ込んだため、掲載日と講演会の日程がギリギリになってしまいました。ご希望の方で、間に合う日程の方は、ほんの木までお申し込み下さい。（定員一杯になっておりましたらご容赦下さい）03・3291・3011「ほんの木」まで。

また、この5月1日名古屋での講演会をもちまして、大村祐子さんの講演会は、秋まで行いませんのでご了承下さい。なお講演会を開催されたい方は、スケジュール等のご相談に応じます。ご連絡下さい。（ほんの木 03・3291・5121または、Fax 03・3295・1080 石田、柴田まで）

●インターネットと通信講座

読者の皆様からもアンケートを通して、多様なご意見をいただいております。「使う、使わない、便利で役立つ、シュタイナーは活字の方がよい」など、まっぷたつ状態となりました。私共は、従来通り出版・活字を通じて第3期をお届け致しますが、秋から、何らかの形の私たちらしいメディアの立ち上げを検討しております。但しあくまで補完的な役目としてのインターネットですので、ご心配なく。（新しい活字メディアも企画中）

●名称「講座」について

「読者のお便り」で書きましたが、第3期も「大人のためのシュタイナー教育講座」というネーミング（内容を表わすもの）で行う予定です。何卒よろしくお願い致します。

●「おもちゃ」についてのご意見

これも沢山のご意見を、会員アンケートでお寄せいただき、ありがとうございました。①プラスチックのおもちゃの問題、②輸入おもちゃの値段の高さ、③手作りおもちゃについて、④人工物か自然物か、などでした。

今号で、大村さんも述べていらっしゃいますが、おおむね皆様のお考えも同じのように思えました。また「シュタイナーのおもちゃ」というのは無いということも。（「シュタイナーの国からやってきたおもちゃ」、というのがあるようですが……）

●トルストイ、「二老人」のこと

今月号で通巻12冊のブックレット・シリーズが揃いました。1号1号に愛着や思い出を感じます。今号では大村さんが「今月のトピックス」でトルストイの「二老人」のことを書いています。実は、私（柴田）の座右の書はこの短編の民話なのです。ロシア文字、特にトルストイは大好きでしたが、私自身はこの「二老人」を読んで18歳の頃に自分のなすべき方向を見つけたと言っても過言ではありません。岩波文庫の表題『人はなんで生きるか』、この「二老人」が収められた、とても薄い文庫本を何冊も何冊も買って、目標が見えず悩む知人や、若い後輩たちの卒業祝いなどにプレゼントした覚えがあります。

大村さんも偶然、全く同じこの物語を大切に心にとめていた方でした。初めてお会いした日に、この話をし合って、びっくりしたように記憶しています。2期のラストにあたって、「二老人」のエピソードが、とても印象的です。

●混沌する社会にシュタイナーを

景気低迷、（私は今がふつうと思ってますが）株安、政治の混迷、官僚・役人の汚職、企業人の倫理観の欠如、教育の崩壊……。財政赤字、公的資金（税金）投入、金融機関救済によるゼネコン、不動産、流通業の保護・インフレ政策（未来の世代が税や物価高で苦しんでそのツケを払う）……。いやはやとどまる所を知りません。戦後日本の不公正で非民主的で閉鎖主義的社会の崩壊です。一方ナショナリズムの足音も聞こえてきます。軸になる価値観なき時代です。しかし、私たちの社会には、世界に誇れる日本国憲法があり、その理念である民主主義があるはずです。

シュタイナーがもし今、この時代を生きていてくれたらと考えるのは私だけでしょうか。何を発言し、どう行動するのでしょうか。初めて、この講座で出会われた方々もふくめ、混迷する時代にこそ、シュタイナーを生きる人びとの光と力が求められているように思えます。ご一緒にぜひ3期めも学び、より良い未来を目指して、実践してゆきましょう。2年間本当にありがとうございました。

（ほんの木代表　柴田敬三）

大村祐子さんのプロフィール

1945年北京生まれ。東京で育つ。1987年、カリフォルニア州サクラメントのルドルフ・シュタイナー・カレッジ教員養成、ゲーテの科学・芸術コースで学ぶ。'90～'92年までサクラメントのシュタイナー学校で教え、'91年から日本人のための「自然と芸術」コースをカレッジで開始。1996年より教え子らと共に、北海道伊達市でルドルフ・シュタイナーの思想を実践する共同体「ひびきの村」をスタートさせる。「ひびきの村」代表。著書に「わたしの話を聞いてくれますか」、「創作おはなし絵本」①②、「シュタイナーに学ぶ通信講座」第1期・第2期・第3期、「ひびきの村シュタイナー教育の模擬授業」「昨日に聞けば明日が見える」「子どもが変わる魔法のおはなし」などがある。(共に小社刊)

シュタイナー教育に学ぶ通信講座
第2期　NO.6（通巻12号）
シュタイナー教育と
「本質を生きること」
2001年4月30日　第1刷発行
2009年2月17日　第2刷発行

著者　大村祐子
企画・編集　(株)パンクリエイティブ
プロデュース　柴田敬三
発行人　高橋利直
発行所　株式会社ほんの木

〒101-0054東京都千代田区神田錦町3-21　三錦ビル
TEL03-3291-3011
FAX03-3291-3030
編集室FAX03-3295-1080
URL http://www.honnoki.co.jp
E-mail info@honnoki.co.jp

振替00120-4-251523
印刷所　株式会社ケムシー
ISBN978-4-938568-88-7

好評
発売中

ルドルフ・シュタイナーの「七年周期説」をひもとく

昨日に聞けば明日が見える

ひびきの村ミカエルカレッジ代表 大村祐子著・単行本

「わたしはなぜ生まれてきたの？」
「人の運命は変えられないの？」

その答えはあなたご自身の歩いてきた道にあります。0歳～7歳、7歳～14歳、14歳～21歳までをふり返ると、21歳から63歳に到る7年ごとの、やがて来る人生の意味が明らかにされます。そして63歳からは人生の贈り物”……。

「人の使命とは？」
「生きることとは何か？」

その答えがきっと見つかります。

定価 2,310円
（税込）
送料無料

●シュタイナーの説く「人生の７年周期」によると、人生は７年ごとに大きく局面を変え、私たちはそのときどきによって異なる課題を果たしながら、生きています。過ぎた日々を振り返り、現在を見据えると、必要な人に出会い、必要な所に出向き、必要な体験をしていたということが分かり、未来が見えてくるでしょう。

●大村祐子さんプロフィール●

1987年、カリフォルニア州サクラメントのルドルフ・シュタイナー・カレッジ教員養成、ゲーテの自然科学・芸術コースで学ぶ。1990年から1992年までサクラメントのシュタイナー学校で教える。1996年より教え子らと共に、北海道伊達市でルドルフ・シュタイナーの思想を実践する共同体「ひびきの村」を開始。現在、ひびきの村ミカエルカレッジ代表。

ご注文は「ほんの木」までお申込みください。定価1,260円（税込）以上の書籍は送料無料です。ほんの木 電話03-3291-3011 ファックス 03-3291-3030

0〜7歳児を持つお母さん・お父さんに人気の、子育て応援ブック

子どもたちの幸せな未来シリーズ

すべての子どもたちが「生まれてきてよかった」と思える未来を！

小児科医や児童精神科医、保育士、栄養士など子どもの専門家たちが各号登場、体と心の成長、食や生活習慣、しつけや遊びなど、子どもの幸せな成長・発達のために大切なこと、知っておきたいことを毎号特集した本のシリーズ。

第1期 シュタイナーと自然流育児

❶〜❻号（1期）6冊セット

B5サイズ・64ページ

定価8,400円（税込）➡セット販売価格
8,000円（税込）

創刊号から6号までの6冊セット。シュタイナー教育と自然流子育てを二本の軸に、幼児教育、健康、食事、性教育、防犯や危機対策、親と子のストレス、しつけなどについて考える。

- ❶もっと知りたいシュタイナー幼児教育
- ❷育児、子育て、自然流って何だろう？
- ❸どうしてますか？ 子どもの性教育
- ❹子どもたちを不慮のケガ・事故から守る
- ❺子どものストレス、親のストレス
- ❻子どもの心を本当に育てるしつけと叱り方

第2期 心と体を育てる、幼児期の大切なこと

❼〜⓬号（2期）6冊セット

B5サイズ・64ページ

定価8,400円（税込）➡セット販売価格
8,000円（税込）

第2期の7号〜12号までの6冊セット。子どもの心と体を健やかに育てる食育、絵本や読み聞かせ、シュタイナーの芸術、年齢別子どもの成長とポイントなど、0歳〜9歳の子育てに役立つ情報満載。

- ❼心と体を健やかに育てる食事
- ❽お話、絵本、読み聞かせ
- ❾シュタイナー教育に学ぶ、子どものこころの育て方
- ❿子育てこれだけは知りたい聞きたい
- ⓫子どもの感受性を育てるシュタイナーの芸術体験
- ⓬年齢別子育て・育児、なるほど知恵袋

1号〜12号まで、各1冊からでもお求めいただけます。各号定価1400円（税込）送料無料